U0111711

大展好書　好書大展
品嘗好書　冠群可期

大展好書　好書大展
品嘗好書　冠群可期

武術特輯
75

傳統五十八式
太極劍

張楚全 編著

大展出版社有限公司

七　絕

劍　魂

時入晨曦精神煥，

東方微曉寒光閃，

三尺清風行如龍，

百兵之君隨身伴。

張楚全賦於南海佛國
贈練太極劍朋友

序

　　張楚全先生已有四十餘年練太極拳的歷史,他年輕時有十幾種疾病纏身,經過太極拳的練習,現已74歲了,一病無存,健康勝於當年。他希望有更多的人從太極拳中得到健康。

　　長期以來,他不遺餘力,誠心誠意培養出大批太極拳學生。舟山的太極拳愛好者大多數出於他的門下。眾徒中有的已成為很有名氣的太極拳教練,有的在省、市太極拳比賽中取得優異成績,也有的在全國錦標賽中奪得金、銀、銅牌。在市內外有三千多學生,真可謂桃李滿園。

　　為了弘揚太極文化,他在練好自己身體和培養好學生的基礎上,憑借數十年練拳的經驗和心得體會,還積極投入太極拳理論創作,挖掘整理並編寫太極拳著作,深受全國廣大讀者贊賞。這次五十八式太極劍一書的出版,是他的第五部專著。為此,表示祝賀。

　　張先生的教拳多以義務為主,偶有收費,也是將所得收入用於幫殘扶貧。在進入商品經濟時代的今天,這種忘我的精神,確實難能可貴。

　　太極拳是一門哲理性很強、具有深刻文化內涵的拳術。其中的陰陽之義,源於《易經》,拳理中貫穿著老子的自然無為,孔子的中庸之道。太極拳以柔克剛,以靜制

動，豐富了中國武術之內涵。故先生常說，「我練了幾十年太極拳，對拳中的深刻涵義還在不斷探索，天天從頭學起。」過去練太極拳強調以攻防為主體，隨著時代的發展，太極拳在不失其武術本能前提下，已昇華到為廣大群眾健康服務。正因為如此，太極拳不僅早已普及於全國，還影響於海外。

太極拳的內涵相當豐富，要認識這一民族文化遺產的魅力所在，也只有在天天練的基礎上加以細心研究，逐一領悟，從「太極」二字的義理上加深探索，提高意念上的境界。而後，練太極拳就可與為人之道、社會公德、處世理事，與中醫學、經絡學、人生哲學、人體解剖生理學、力學及美學等各種學科有機地結合起來。從而使這一傳統拳術在客觀上上升到更高的層次，使太極拳內在功能得到應有的發揮，增進習練者的身體、心理、智能和攻防各方面的素質。

太極拳不僅是武術，也是一門高尚的藝術，它與中國的書法藝術的各種要求有很多共同之處。張先生在提到太極學與書法關係時，我作為一名書法藝術愛好者感受很深。兩者都是歷史悠久，源遠流長，都是中華民族的瑰寶。太極拳屬武，書法屬文，但兩者在外形或內涵上均有相同之處。

練太極拳首先要虛靈頂勁，練書法落筆之際要神態自如，從容不迫；練太極拳要求靜心鬆體，練書法要心境恬靜，一塵不染，無一雜事；練太極拳要求用意不用力，在走架走勢中，無使有斷續處，無使有停頓處，應一氣呵成，而書法也要上下連接，使每一筆畫能正確書寫造形，

達到銜接有氣勢；練太極拳講掤、捋、擠、按、採、挒、肘、靠八勁分明，書法練習者必須在把握側、勒、努、趯、策、掠、啄、磔八法的基礎上，精運提按、頓挫、使轉，盡一身之力而送之，方能在筆畫中體現出剛柔相融、虛實相濟、曲直兼施、方圓互補、內藏盤骨、氣勢雄強的效果；練太極拳往復折疊，進退有轉換，而練書法在書寫每一筆畫時必須有起、落、運、收的過程；太極拳的套路要求布局合理，結構嚴密，書法的通篇章法之妙要合乎自然，用筆有偃有仰，有攲有側，或大或小，或長或短，用墨枯潤相間，相互呼應，落款鈐章蓋印均要相得益彰。

上述所舉，說明太極拳與書法兩者的關係是有相通之處，特別是在意念上更有異曲同工之妙。

張先生說：「太極拳與書法相結合，兩者融通，可以提高太極拳的文化氛圍和思想修養。」練書法與太極拳相結合，能促進習書者的生氣和精神活力，文武溝通，互為借鑒，共同提高，有利無弊。

最後，願一切太極拳和書法愛好者，按「其於得妙，須在功深，草草求重，終難得也」精神，持之以恆，延年益壽，永葆青春。

邵星友

前　言

　　爲適應全民健身運動、挖掘民族文化遺產、弘揚太極文化、造福人類健康等需要，自上世紀 90 年代至今，本人已先後編著了四本太極拳、劍著作，均由人民體育出版社出版，發行全國。本人寫作的態度是，不重複寫作社會上已經有人出過書的拳套，或去補充、修改他人已有的拳、劍套路的內容，而著重於先輩傳過而無人發表過的、有挖掘意義的作品，並結合自己數十年練拳的實踐經驗和心得體會的既有共性又有個性的作品。

　　本人所創作的拳術資料，得天獨厚的條件，就是老師在世時我閱歷了他所有的各種套路。這次挖掘的是一套五十八式太極劍。

　　五十八式太極劍，源出 20 世紀初期的陳月坡，後來之人知其名者不多，或許稍有知者也難知其究竟。他是滿族人，清代末期，爲清宮廷中的一名御林軍首領，武藝高強，功力過人。

　　他於 20 世紀初，就跟太極拳名家楊澄甫先生學太極，並執意要拜楊爲師。楊見其如此誠意，不僅武德高尚，還彬彬有禮，經過一番觀察，認爲此人誠實可靠，而後陳月坡就成爲楊澄甫的開門弟子。兩人的年齡基本相似（都是二十幾歲），情感十分融洽，楊對陳甚爲關愛，在技藝上

悉心指點，並將一套自己創編的一二九式太極長拳秘授於他。就當時來說，一套好的拳術，就是一名拳師的看家本領，圖名求生的本錢，一般決不會輕易傳人。楊師能將自己創編的拳套相傳，足見他們師徒關係非同一般，這充分說明陳月坡在楊公心目中的位置。爲此，陳當時在楊門弟子中成爲一個主要人物。

十幾年後，陳月坡深得楊式太極拳的眞諦之後，別師北上授拳。至30年代，陳月坡由北南下到達上海，因人地生疏，處境十分尷尬，有一天在黃浦公園門口閑逛，有幸遇到其早在上海生活的師弟趙桂恆。趙見到師兄如此尷尬的局面，非常同情，將陳接到家中熱情相待，一住年餘。陳感激萬分，就將楊澄甫教他的一二九式太極長拳和別的套路都傾囊相傳，其中包括五十八式太極劍。

從歷史看，陳月坡從楊爲師距今已有近百年的歷史，作爲楊式太極拳習練者，應該對陳月坡其人和他所傳授的拳術引起關注。

凡是一名拳家，不管他有多深的功夫，多大的影響，要將其拳藝代代相傳，要反映出一名拳家的內在魅力，還得靠拳術套路的傳承。沒有套路傳承，再大本領的拳師，也只不過是一種無文字記載的傳說軼事，這種軼事隨著歷史的推移，時間一久，將會在人們頭腦中淡薄和消逝。正因爲楊澄甫、孫祿堂、吳鑒泉等先輩留下了他們自己有文字錄載的拳術套路，所以其名能盛而不衰，他們的拳成爲後人的練習楷模。

作爲楊公的開門弟子陳月坡，他不僅有楊公在青年時期親授的套路，還有其自己的東西，如不把他傳過的套路

挖掘出來，久而久之，將會導致陳月坡的名字和他曾擁有的拳劍套路銷聲匿跡。這不管是從弘揚太極文化，或維護傳揚一位太極拳歷史人物的角度來說，無疑是一大損失。彌補這種損失的方法，也只有將他的各種套路去盡力加以挖掘，認眞地整理出來傳於後世，重返社會，爲人所練，服務於人們健康，才能使陳月坡身後留名，其拳劍傳而廣之，與世共存。

陳月坡將擅長的拳套傳於其師弟趙桂恆，這是報德之爲。趙老在 70 年代至 80 年代初，將所有套路全盤托出，目的是盼我繼承。對一個套路每天練上一二遍是很輕鬆的，如果要將一套拳整理成冊，特別是著書出版，這就不怎麼容易了，要花很大的精力、財力和時間，更重要的是要得到出版社的支持。

到了 90 年代，我已步入老齡，在有識之士的啓發鼓勵下，終於著手挖掘、整理拳劍套路，至 2001 年先後編著了四本拳、劍專著，其中兩本就是陳月坡所傳授的套路。這次編著的五十八式太極劍，基礎屬於楊式範疇。走架演練，有陳月坡演太極長拳的風味，少數動作的名稱方向角度與五十六式楊式太極劍略有差異。

對於武術套路的挖掘，本人認爲，不光是爲了幾個套路的問世爲樂，更爲重要的是，這裡面包含著對人文和武術歷史的局部記載……以歷史觀點去看問題，這是一件很有意義的工作。

這套劍的編著完稿後，由浙江武術隊原總教練彭良明老師、舟山市書法協會主席邵星友先生分別爲本書題詞、作序。我的學生李偉、姚杏南、蕩武軍在圖像、文字整理

方面付出了一定的辛勞，爲此一併表示感謝。套路中的圖照，由我的學生董婉君做動作示範。

　　因本人水平有限，這套劍的編著定有不完善之處，盼同仁、行家指正！

　　　　　　　　　　　　　　　　張楚全

目　錄

第一章

五十八式太極劍概況

第一節　五十八式太極劍的師承

這套五十八式太極劍，是我在上世紀 70 年代初，向我的老師趙桂恆學的。趙老是 30 年代由陳月坡傳授的。趙老在 20 世紀初就從師於楊公澄甫，當時他才 16 歲，因年小，楊公對其十分關愛，學到了不少東西，如八十五式太極拳、太極劍、太極刀和太極尺。從師 6 年後，離開師傅去上海另謀職業。到 30 年代，他又得到了陳月坡的太極長拳類的各式楊式套路和五十八式太極劍。

本人向老師學到太極長拳之後，為什麼偏要學五十八式太極劍呢？因為陳月坡從師楊澄甫先生後，他擅長練太極長拳，風格特殊，動作大開大合，舒展大方，快慢相間，剛柔相濟。

趙老在為我做五十八式劍的動作示範時，就體現出劍中有太極長拳的風格和韻味。所以，我就看中了這個套路，學就之後一直堅持練習，至今已有 30 年的歷史。

本人認為，繼承這套劍術具有一定的歷史意義，並且也適合於廣大群眾的健身運動需要，故而將其編著成書，奉獻於社會。

套路中的動作名稱、運行方位、演練風格，都是根據前輩所傳而繼承，一概不變。

第二節　劍的各個部位名稱

劍首：也可叫做劍鐓，處在劍柄最後部位。

劍柄：也可叫劍把，是持劍手握之部位。

劍身：是從劍尖至護手之間的部位。

劍格：也叫護手，處於劍身與劍柄之間的部位。

劍刃：劍身兩側鋒利部位。

劍脊：劍身中間隆起的一條直筋。

劍尖：也叫劍鋒，處於劍的最前端尖鋒部位。

劍穗：掛於劍首端的穗子。

劍鞘：裝劍的外殼。

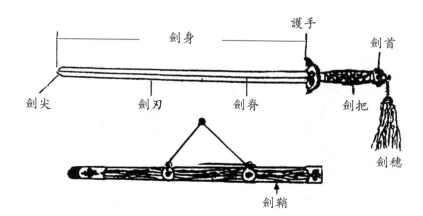

第三節　握劍方法和指法

　　五十八式太極劍的握劍方法（又叫把劍方法），與其他劍術的把劍方法相同，主要有四種，還有指法一種。把劍方法為：全把、螺把、鉗把和反把。

1. 全把持劍

　　四指平捲，握住劍柄外側，拇指屈捲在劍柄內側，壓於食指中節，簡稱為五指平捲握劍柄。

　　全把握劍，主要用於托劍、向內崩劍、截劍、推劍等劍法上（圖1）。

2. 螺把持劍法

　　五指螺形排列，虎口對準劍刃，就叫螺把。主要運用於掃劍、抹劍、刺劍、劈劍、反穿劍、反刺劍等劍法上（圖2）。

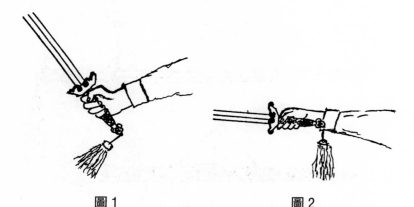

圖1　　　　　　　　　　　圖2

3. 鉗把持劍

用拇指和食指的根節著力，其餘三指放開，劍柄鉗在虎口，使劍易於上下、左右、前後活動。鉗把持劍主要運用於掛劍、抽劍、雲劍、帶劍和劍法變換過程（圖3）。

4. 反把持劍

將劍身平貼在前臂內側，食指伸直貼於劍柄，其餘四指握住護手（圖4）。這一持劍方法，一般用於左手，在動作起勢或預備時的握劍。有一種叫反把劍的劍術，整個套路都以反把持劍，而左右兩手輪換。這種持劍法僅作表演用，難以反映出劍術的攻防含義和各種劍法的運用。

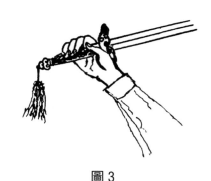

圖 3

圖 4

5. 劍　指

食指和中指併攏伸直，其餘三指捲曲於手心，拇指壓在無名指中節或梢節上（圖5）。

圖 5

第四節　劍法與運用方法

劍法，是劍術中的一個主要組成部分。能合理運用劍法，則能反映出劍術的攻防含義及虛實變化，反映出劍的實用性與靈活性。陳月坡五十八式太極劍有 18 種劍法，簡介如下：

1. 點　劍

立劍，劍尖由上而下，手腕上提，促使劍尖下點，劍柄與劍的斜度，一般的在 45°～60°，力點在劍尖下側。

2. 劈　劍

立劍，由上向下叫做劈，手臂由屈至直，劍與臂成直線，發力於臂，力達劍刃。劈劍有掄劈和掛劈之分。掄劈是劍繞身掄轉一周後向前劈出，掛劈是劍尖由下向上掛起，再向前劈出。左掛手心向內，右掛手心朝外。

3. 刺　劍

立劍或平劍，劍尖向前或斜向上，劍向下、向左、向右直線刺出為刺劍，臂與劍形成直線。劍刃向左右為平刺，劍刃上下為立刺，手心翻向外叫做反刺。

4. 撩　劍

立劍，劍由下向上謂之撩，手臂外旋，手心翻向上稱

正撩；手臂內旋，手心翻向外為反撩。發力於臂，力達劍刃。

5. 掛　劍

立劍，劍向身體左或右立弧繞圓，劍尖由下往上豎起為掛，發力於腕，力達劍刃。

6. 托　劍

立劍，劍從正面上舉，高於頭部，劍身橫架於頭上方，力達劍刃。

7. 抹　劍

平劍，劍向左或向右平運為抹，抹運時劍身與胸同高，力達劍刃。

8. 雲　劍

平劍，劍向頭前上方畫平圓為雲劍，力達劍刃前端。

9. 帶　劍

平劍，劍由前向右側弧形後抽為右平帶，由前向左側弧形後抽為左平帶，向側斜方為斜帶。做帶劍時要屈肘平腕，力沿劍刃移動。

10. 截　劍

側立劍，劍由前上向右下弧形下按叫下截劍；側立劍向前左右下方推出為左右截劍，力達劍刃前端。

11. 攔　劍

側立劍，劍由左或右下向斜上方推出為攔劍，力達劍刃中部。

12. 崩　劍

立劍或平劍，劍由右下方，手腕內扣，使劍尖突然向上，劍身豎立為崩，為立劍內崩；持平劍，屈肘屈腕，劍由左向右移動時，突然伸臂、伸腕發勁崩劍，這是向外崩。無論內崩外崩，發力均在手腕。

13. 穿　劍

立劍或平劍，劍沿大腿內側穿出為穿劍。左仆步前穿，一般用平劍；右仆步後穿，應採用立劍，右臂內旋，手心朝後。凡是穿劍，力均達劍尖。

14. 捧　劍

平劍或立劍，劍由左（右）或前或上回抽至胸、腹前，或者提膝平劍置於胸前，左劍指變掌貼於右手背，或以劍指貼於右手背後均為捧劍。

15. 抽　劍

立劍或平劍，劍由前向後、由上向下回抽均為抽劍。

16. 擊　劍

平劍，劍自左向右後平劍擊出為擊劍。一般在右腳向

右後撤步時運用這一劍法。這一劍法與削劍近似。

17. 掃　劍

平劍，劍由上向下橫向掃出為掃劍。這個劍法，一般配合左仆步運用。

18. 挑　劍

立劍，劍尖由下往上挑起為挑劍。

以上為五十八式太極劍的 18 種基本劍法，還有一些其他的劍法，這裡不作一一介紹。

太極劍的每一種劍法，均具備攻與防的兩種含義。有的劍法以攻為主，有的以防為主，也有防中有攻。練習者理解劍法中的攻防意義之後，在演練時就會神態逼真，精神飽滿，劍神合一，既能反映出武術本能，又可體現出藝術風采，達到良好的鍛鍊效果。

一定要注意：在每一劍法演練中，不要直來直往，顯得平淡無味，而是要經由纏繞曲折，往復回旋弧形的運行線路去完成。

第五節　上肢各關節在劍法中的作用

太極劍愛好者，有必要明確上肢的幾個關節的活動範圍及它們的構造形狀，這對練好劍法有一定的幫助。上肢有肩、肘、腕、上臂、前臂和手六個部位組成，這六個部

位程度不同地都作用於劍法的運用上。

一、肩關節

肩關節是上肢的大關節，關節頭呈球形，它在全身上下各種關節中，是活動範圍最大的一個關節。在練劍時，肩關節要保持鬆沉，惟有鬆沉，才能使其向各個角度轉動時順和圓活。劍的左右、前後旋繞，從表面看，似乎靠旋臂轉腕、翻掌去實現的，實際上肩關節在起著極其重要的作用。比如左右掛劍，劍在身體兩側左右纏繞，就是依賴於肩關節的角度調節得以完成，如果肩關節不鬆不活，這個掛劍動作就無法做好。

要練好劍術，必須要認識到肩關節的重要作用。練太極劍也和練太極拳相同，動作宜走弧形。上肢的弧形，主要是靠肩關節弧形活動，而肩關節是全身上下最能轉弧的一個大關節，前後左右轉動均可達到 360°。因此，不論練拳還是練劍，都要重視肩關節的重要作用。

二、肘關節

肘關節是上肢的第二大關節，但在活動功能上不如肩關節。肘關節的自身活動只限於內屈 80°，它既不能外屈，又不可左右橫屈，在練劍時可起到伸與屈的作用。

肘關節的伸與屈，在太極劍發揮攻防作用中占有十分重要的地位。如刺劍、劈劍、撩劍、穿劍等都要靠肘關節的伸展去達到進攻的目的；再如抽劍、帶劍、截劍等防中兼攻的招式，皆要依賴於肘關節的縮屈去實現。

肘關節在伸屈之間要運用適度，既不可伸得太直，太

直了手臂顯僵，又不能過屈，過屈手臂顯癟，惟有不僵不癟，才能顯示出柔中寓剛。這是練太極劍對肘關節的要求。

三、腕關節

腕關節是個十分靈巧的關節，它轉動方位、角度多；內屈可達到 90° 以上，外屈在 45° 以上，下屈 40°～60°，上屈 40°～60°，而且它還能做喇叭形的左右旋轉。在練劍時，劍的各種小弧轉化，都是由腕關節起作用而實現的。在劍法運用上，如點劍，靠腕關節的下屈提腕，向內崩劍；向外崩劍，靠腕關節的屈中求伸去完成；掛劍，靠腕關節的內旋、外轉；絞劍，靠腕關節的逆時針喇叭形的旋轉……由此可見，腕關節在劍法運用中是起重要作用的。

四、手

手是握劍的部位，上肢三個關節的各種活動，均為手中之劍結合各式招法的需要而起作用，要反映出劍法的內涵和優劣，握劍方法尤顯重要。

全把、螺把、鉗把（活把）的握劍方法，一定要握得變化自如。何種劍法應該握何種方法，使其對號入座。握劍要握得鬆，轉化圓活，自然靈巧，不能將劍握緊、握硬。

劍出招時，要認定側、立、平的三種角度，應側則側，應立則立，應平則平，不要把側立劍握成立劍或平劍，把平劍握成立劍。肩、肘、腕、手、臂，雖然它們各有不同的分工，但必須緊密地相互結合，融貫於劍的招式之中。

第六節　五十八式太極劍的風格特點

一、風　格

五十八式太極劍，雖與楊式太極劍在招式名稱上、動作數量上有些差異，但在技術要求、走勢規則上，均要求劍法清晰、運行穩健、起落分明、旋轉圓活、劍神合一、呼吸自然、相連不斷等，皆屬楊式的範疇，表現楊式的風格。

二、特　點

1. 動作走勢的運行幅度大；
2. 方位變化頻繁，轉換圓活；
3. 一般太極劍在步法上只有左仆步，而這套劍左右仆步俱有，以利練習者的下肢鍛鍊，中青年愛好者尤其需要這種步法；
4. 整個套路中，插上幾個快打發勁動作，體現柔中寓剛、剛柔相濟的特點。因為這套劍來源於陳月坡，而陳擅長太極長拳，「長拳」走架快慢相間、剛柔相濟，這套劍中就能反映出陳月坡的風格、特點。

第七節　五十八式太極劍的布局和結構

一、布　局

布局合理，是衡量一個套路優劣的標誌之一，也是反映套路編排者整體性的水準，或叫全局觀念。

布局，是對套路運行線路的安排。合理，是運行方位編排得恰當，能四面八方處處到位，不出死角，從各方運走後收勢仍回原地，這就稱作布局合理。

二、結　構

結構，有兩方面的內容，一是由套路演練，去溝通布局中的各個方位，造就方向轉換的連接，使按布局規定中的運行路線無斷續之處，沒有死角，處處到位，體現出整套劍術的運行連接在一條線路上；

二是結構就是布局這個框架中的內容。惟有內容豐富，才能使框架充實，內容缺乏，框架就空虛。

所謂內容，就是步型、步法、身法、劍法、指法和眼法等各部之法。框架中的不同方位，適當運用不同的劍法、步法、身法、指法和眼法。前進，有前進中的各種法；後退，有後退中的各種法，正斜兼顧，左右不丟。

法與方位結合適當，法與法緊密連接，凡持劍畫弧，不加多餘之圈，均能呈現出有攻防含義的劍法。在每個方向運行之間，劍法分布適當，不偏於一方，達到面面俱

到，這就謂之結構嚴密。

布局和結構兩者既有區別，又不可截然分開，它們之間是相輔相成的。沒有布局就沒有定向（方向），沒有結構就沒有內容。五十八式太極劍在這兩方面均能達到協調統一。

第二章

步型、步法、身型、身法和劍神合一

步型、步法、身型、身法問題，在前面已略有闡明，為使五十八式太極劍練習者準確掌握各種方法，再另作補充。

第一節　步　型

不論是練拳還是練劍，步型的正確是非常重要的。步型不準確，會影響身型的端正。步型是下肢的固定姿勢。

1. 弓　步

左右兩腳一前一後，中間橫向距離約 20 公分，兩腳外側與兩肩外側同寬，前腿弓出，以膝蓋不超過腳尖為原則。

2. 虛　步

重心落在後腿，前腳尖或腳跟虛著地面，虛腿微屈。

3. 丁字步

丁字步與虛步原理相同，都是前虛後實。不過丁字步的前腳尖的點地，與後腳的距離要近些，其實都是前腳虛後腳實。

4. 併　步

兩腳尖朝相同方向，左右兩腳併攏，兩腿蹲與站均稱併步。

5. 開立步

兩腳分開站立，腳尖朝同一方向。

6. 馬　步

兩腿屈膝分開，兩腳外側與肩同寬，或寬於肩都叫馬步。

7. 交叉步

右腿蓋於左腿之前，兩腿交叉，右腳尖外擺，蹲或不蹲都叫交叉步。

8. 側弓步

兩腳左右分開，寬於兩肩，腳尖朝相同方向，重心落在左（右）腳，均為側弓步。

9. 盤坐步

右腿墊在左腿下，屈膝下蹲（正面）謂之盤坐步。

10. 獨立步

單腿站立，另一腿屈膝提起叫獨立步。

11. 仆步

支撐腿屈膝全蹲，膝和腳尖外擺，另一腿橫向外展，自然伸直，腳尖內扣叫仆步。

12. 側行步

兩腳朝前，橫向移步，側面運行，叫側行步。

五十八式太極劍的步型，以上述十二種步型為基礎，其餘不一一介紹。

第二節　步　法

步法是上一個姿勢轉變為下一個姿勢的換步方法。

1. 進　步

進步與上步不同，上步是向前邁出一步或半步；進步是連上二步，比如太極拳的進步搬攔捶，右腳上步後左腳再上一步，所以稱進步。

2. 上　步

後腳提起，經過支撐腿內側向前邁出一步，叫上步。

3. 撤　步

前腳向後撤，一般在半步範圍內，叫撤步。

4. 退　步

前腳向後退下一步，叫退步。

5. 插　步

前腳向後斜方向落地叫插步。

說明：不管是撤步、退步、插步，前腳後退都要以腳掌先著地。

6. 側行步

兩腳尖均朝前，兩腳側向移步，叫側行步。

7. 扣　步

一腳邁出時腳尖內扣叫扣步。

8. 擺　步

一腳邁出時腳尖外撇（外擺）下落謂之擺步。

9. 墊　步

後腳向前跟上半步，落在前腳跟後面謂之墊步。

10. 碾　步

一般用於兩腿上下相疊的盤坐步之後，再使兩腿站起轉變上身方向時運用的一種步法，為使轉體靈活，兩腳必須以腳掌（或跟）為軸著地碾轉，以達到預想的轉體目的，叫做碾步。

第三節　步型與步法的關係

步型與步法的關係相當密切。步法是保證步型正確與否的前提。

以左弓步為例：左腳提起向前上步，先用腳跟落地，重心上移，身體左轉成為左弓步，左右兩腳的橫向距離約20公分，兩腳外側與兩肩同寬，左膝蓋不超過左腳尖，右腳尖外擺45°，這是正確的弓步。如果左腳上步的方法不正確，那至少會出現三種以上的步病：

1. 出腳偏左過大，右腳尖沒有外擺，就成為側弓步；

2. 上步向正前方，兩腳中間沒有橫距，而是站在一條直線上，這在重心上移時襠內就會夾住，兩腿相當彆扭，步型就難以穩定；

3. 出腳偏右超越中線，這樣就成為蓋步。

由此說明，一個正確的步型，必須要有正確的步法去保證。

如果步法正確而步型不準，這是另一種的毛病。比如：重心上移過大，膝蓋超過腳尖，造成重心失調；重心上移不足，未形成弓步；重心上移，上腿不轉腰、或轉腰太過等等，這些都是導致動作不正確的原因。

步型、步法正確與否，對能否練好太極劍至關重要，如果步法不靈，步型不正，會直接影響劍法的發揮。因此，在練劍的同時，要練好步型、步法。

第四節　身　型

一般對身體部位的分析，是只講身法而不提身型。實際上身型與身法是一個問題的兩個方面。

身型，是某一動作做完之後身體在方向上的定型。比如左弓步刺劍，上身胸口是朝正方向，也就是與劍的刺出為同一方向，如果側身刺出，不論側左或側右，那麼，這個刺劍姿勢肯定不正確。如果是右弓步向前刺，身體至少要左側 30°，若身體朝向正面（劍刺出的方向），這個動作同樣不正確。左弓步劈劍與右弓步劈劍，其道理相同。

以上僅僅是個例子。一套劍中在各個動作完成時，各有其不同角度的身型出現，身型正確與否，是衡量動作優劣的標誌之一。每一個動作身型出現時，均要保持頂勁上領，含胸沉肩，肩胯合住，劍神合一，中正安舒，這些都是固定的。

第五節　身　法

身法要隨著步法去變化轉換。練太極劍要想身法做得合規、轉活，步法是根基，而胯關節是上下轉換的中樞，上身的方向變化，全依賴胯關節的轉動去調節。若不重視胯關節這一中樞作用，想練好身法是有困難的。

在掌握好胯關節轉動的基礎上，上身在左右轉換時，

兩肩的外側必須與兩胯外側保持上下垂直，並要同步轉動，不可有轉肩不轉胯的現象產生。胯轉多少度，肩隨多少度，這在拳諺中稱為「肩與胯合」。如果轉肩幅度大，轉胯幅度小，必定會導致腰部彆扭，身體僵硬，這不僅練不好身法，而且對健身的效果也會有影響。掌握好肩與胯同步轉動，是練好身法的根本。

在把握肩與胯合的前提下，身體在轉動時要保持中正，在一條直線中以平弧旋轉。何謂一條直線？就是頭頂的「百會」與襠部中間的「會陰」，上下連成一條線。

這條直線不可歪斜，一旦歪斜，身體就會出現「不倒翁」似的搖晃，這種身法，不符合練太極的要求，而且還很不美觀。完成一個招式，一般需要三至四動，也就是有三至四次的身法變化之後，才能形成一個招式的定型，若是身法轉換不當，在招式成型時，也會影響身型的正確。

第六節　劍神合一

楊澄甫先生在關於劍神合一題詞中說：「劍氣如虹、劍行似龍、劍神合一、玄妙無窮。」

要完整地練好一套劍術，不可忽視眼神的合理配合，否則動作練得再好、再順，如神形分家，就會氣勢渙散，無滋無味。如果雙目死盯住劍，就會顯得神態呆板，目光短淺，沒有聲色。

劍神合一是以目引劍，用眼神把劍引向應該運行的方向，然後再將目光遠視前方，或遠視側方，去體現出意念

在練劍中的主導地位。

　　比如右弓步崩劍，用眼神將劍向右引出，在即將到位之際，右腕發力，劍突然崩出，這時目光就離開劍體直視出劍前方。如左弓步攔劍，持劍在右下側時，用眼神將劍向左前上方引出，在左弓步將要形成、攔劍將要到位時，眼神視向左前方。左弓步劈劍，以眼神將劍引向劈出方向，快到位時，眼神離劍，直視前方。

　　眼神不管是斜視、上視、正視遠方，但其意念仍顧著出劍的力點上。外形練得栩栩如生，裡面意念有情有景。「劍神合一、玄妙無窮」的道理也就在其中了，最終達到意與形的高度統一。

　　另一方面，在練劍中不能忽視左劍指的作用。劍指所放的位置有高有低、有上有下、有前有後、有左有右，這都是根據劍法需要決定的。不重視劍指，馬馬虎虎去看待劍指的作用，將導致意念失去平衡，動作的整體失調。

劍氣如虹劍行似龍

劍神合一至妙無窮

廣平楊澄甫題

楊澄甫宗師題詞（影印）

第三章 五十八式太極劍動作圖解

第一節　五十八式太極劍動作名稱

第一段

預備勢
第 一 式　起勢
第 二 式　牽繮上馬（提劍起勢）
第 三 式　問樵指路（弓步前指）
第 四 式　三環套月（併步點劍）
第 五 式　回頭望月（轉身崩劍）
第 六 式　大奎星（獨立反刺）
第 七 式　燕子抄水（仆步橫掃）
第 八 式　左右攔掃（左右平帶）
第 九 式　小奎星（虛步反撩）

第二段

第 十 式　燕子入巢（左弓步平刺）
第 十一 式　靈貓捕鼠（進步下刺）
第 十二 式　蜻蜓點水（虛步上抽）
第 十三 式　黃蜂入洞（弓步刺劍）
第 十四 式　鳳凰雙展翅（撒步反擊）
第 十五 式　右旋風奎星勢（右抹反撩）
第 十六 式　左旋風等魚勢（左抹反刺）
第 十七 式　鳳凰單展翅（弓步削劍）

第四段

第二節 五十八式太極劍動作圖解

第一段

預備勢

兩腳併立，兩腿自然伸直；兩臂下垂，左手持劍，手心朝後，食指貼住劍把，劍尖向上；右手下垂，食指、中指成劍指，指尖輕貼於右腿外側，其餘三指捲屈，手心朝內；目平視前方，面朝南（圖1）。

【要點】

（1）頂勁上領，意念集中。

（2）全身放鬆，切莫聳肩。

（3）神態自然，不要怒目。

圖1

第一式　起　勢

動作一

重心落至右腳，左腳提起向左分開，兩腳外側與兩肩同寬；重心在兩腳中間；面朝南（圖2）。

動作二

兩腿屈膝半蹲，向右轉腰45°，右腳外撇45°；同時，左手持劍，上提至胸，即左臂屈肘，平劍橫置於胸前，手心朝下，劍尖向左；右臂外旋，右劍指弧形上提，置於右肩外方，手心向上，指尖向外；以目引指，面朝南偏西（圖3）。

【要點】

（1）上身正直，轉腰與右腳尖外撇要同時進行。

（2）左手持劍上提與右劍指弧形翻轉，兩者要同時完

圖2　　　　　　　　　　　　圖3

成。

（3）上下均要協調一致。

第二式　牽繮上馬（提劍起勢）

動作一

重心移至右腳，左腳提起向前上步（南），腳跟著地；同時，左手持劍，稍向內移（圖4）。

動作二

重心移至左腳，右腳提起向前上步（南偏西）；同時，左手持劍向前移，右臂內旋，右劍指弧形向左下落，置於劍把上方；目視前方，面朝南（圖5）。

【要點】

（1）左腳向前邁出後不要停，將重心上移，待重心落實後即上右步。

圖4

圖5

（2）右腳上步腳跟著地後，左胯根內收，同時使兩手形成如牽住繮索之勢。

第三式　問樵指路（弓步前指）

動作一　方向東

腰略右轉即轉向左，右腳尖內扣，重心移至右腳，右腿屈膝下蹲；左腳提起，經右腳內踝向左前方邁步，腳跟著地成左虛步；同時，左手持劍，下沉至腹前，手心朝下；右臂外旋，右劍指弧形上提，置於右耳外側，手心朝前，指尖斜向上；目視前方（圖6）。

動作二

腰向左轉，重心上移至左腳，成左弓步；同時，左手持劍，經左膝前摟過，置於左胯外側，手心朝後，劍尖向上；右臂稍內旋，右劍指自右耳側向前指出，右腕背與右肩同高，指尖稍上翹；面朝正東，目視劍指前方（圖7）。

圖6

圖7

【要點】

（1）頭莫前俯，兩肩下沉。

（2）上體正直，臀部內斂。

（3）左膝蓋不超過腳尖。

第四式　三環套月（併步點劍）

動作一　方向東

左腿坐實，向右轉腰；右腳提起，經左腳前交叉出步，腳跟外側著地，腳尖外撇；同時，左手持劍，提至胸前，手心朝下；右臂外旋，右手心翻向上，弧形回落置於劍把下，兩腕交叉（圖8）。

動作二

身體右轉，重心下降；左腳跟略提起，形成交叉半坐勢；同時，兩臂向左右展開，左手心斜向下，右手心朝上；面朝南，目斜視右劍指（圖9）。

圖8

圖9

動作三

右腳站穩，左腳提起向左前邁步，腳跟著地成左虛步；同時，向左轉腰，左手持劍，內收至胸前，手心朝下，劍尖向左；右臂內旋，手心翻向下，右劍指弧形收至劍把上方，手心朝下（圖10）。

【說明】：以上三動是由「問樵指路」到併步點劍的過渡動作。就圖9這個交叉半坐步來說，應是左右兩膝相疊半蹲，現在圖9中左腿伸得較開，似乎與交叉半坐有差異。因為這套劍是陳月坡先生的套路，圖9這一姿勢又有其舒展大方的特點，所以作者未作改動。

【要點】

（1）右腳交叉上步時，左腳必須站穩，不使身體搖晃，右腳以腳跟外側先著地，為使下肢穩固，重心稍向前移，如圖8。

（2）圖9在身體右轉時，要保持肩與胯合，肩與胯關

圖10

節外側形成垂直，不要肩轉得多胯轉得少，導致腰部彆扭。

（3）在向右轉腰兩手展開同時，重心移至右腳，上身切莫歪斜，兩臂展開要自然。

動作四

身體左轉，重心上移至左腳，成左弓步；同時，左劍指變掌，按於劍柄（圖11）。

動作五

重心繼續上移，左腳站穩，右腳提起，落於左腳內側，併步；同時，右手接劍，順繞立弧下點（立劍），劍尖與膝同高，力達劍尖一側；左手變劍指，扶於劍柄；方向正東，目下視劍尖（圖12）。

【要點】

（1）兩肩平整，以眼神視劍尖，不可點頭。

（2）兩胯內收，臀部不可外突。

圖11　　　　　　　　圖12

（3）劍下點時要以腕發力，手腕上提微屈、劍尖往下點出要同時進行。

（4）併步，兩腳不要靠得太鬆，全身負荷還在左腿。

第五式　回頭望月（轉身崩劍）

動作一　方向西

右腳向後撤步，隨之重心移向右腳，成左虛步；同時，右臂外旋，右手持劍，手心翻向上，成平劍置於胸前；左劍指置於右腕上方，手心朝下，兩腕交叉（圖13）。

動作二

身體快速右轉，兩腳以腳跟為軸，左腳尖內扣，右腳尖外撇，成右側弓步；同時，右手持劍，以腕發力向右崩出，力達劍刃，劍尖略高於肩，手心朝上；左劍指向左展開，手心朝下；身體朝南，目斜視崩劍方向（圖14）。

圖13　　　　　　　　　　圖14

動作三

重心突然移至左腳，成左側弓步；同時，右臂內旋下沉，右手以腕為軸發勁回崩，手心朝前，立劍豎起；左劍指豎立，置於左耳外方；眼神上望劍尖（圖15）。

【要點】

（1）右腳後撤時，腳尖須外撇。重心後移中，右胯根不宜收得太近，以免影響下一勢的轉腰發勁。

（2）兩手展開，左劍指要低於左肩（圖14），偏高了會阻礙沉氣及右腕在崩劍時的發力。

（3）在圖15姿勢定型時，眼神須斜向上望劍尖，表現望月之勢。

第六式　大奎星（獨立反刺）

動作一　方向東南

右腳提起，經過左腳內向右前出腳（南），腳掌著

圖15

地，成右虛步；同時，腰稍左轉，右臂外旋，右手持劍，向前平劍推出，置於右胸前，手心朝上；左手弧形下落至左腹前，手心朝下，劍指向右；面朝南，目視前方（圖16）。

動作二

身體稍右轉，右腳提起，經左腳內踝後撤至左腳跟後下落，重心移至右腳，左腳跟提起，成丁字步；同時，右腕內旋，右手持劍，往右下弧形回抽至右腰外方立劍，豎起劍尖上挑；左劍指隨右臂畫弧，置於右腹前，手心朝下，指尖向右；以目引劍（圖17）。

動作三

右腿自然伸直站起，左膝上提，腳尖下垂，成右獨立步；同時，身體略左轉，右手持劍上舉，手心朝外，經頭上方立劍刺出，刀達劍

圖16

圖17

尖；左劍指向左前指出，腕與肩同高，手心斜向前；方向東南（圖18）。

圖18

【要點】

（1）在上勢圖15轉圖16過程中，手要配合腰動，右腕由上翻向下時，劍由豎變平，略向後轉前畫個弧線，然後將劍往前推出，使運行線路不出棱角。

（2）圖16轉向圖17時，右腳後撤，右腳尖的外撇度要小，大了會影響下一勢的定型方向；右手劍的弧形回抽中，幅度要大些，劍尖由偏後向中線上挑。

（3）由圖17轉圖18時，右獨立腿要站穩，不要搖晃，右腿起站，與右手持劍刺出要同時做完，手腕略高於劍尖。

（4）每一個動作，只有定勢，沒有停頓，上下務必協調一致，轉弧過角都要保持柔和圓活。

第七式　燕子抄水（仆步橫掃）

動作一　方向東

身體右轉，重心下降，右腿屈膝全蹲，右腳尖外撇；左腳落地，自然伸直，全掌著地，腳尖內扣（方向向東），成左仆步；同時，右臂由屈至伸，右手持劍，向右後立劍下劈，手腕與右膝同高；左劍指弧形下落至襠前，手心朝下，指尖向右；面朝南，目側視劍下劈（圖19）。

動作二

向左轉體，左腳尖外撇，重心上移至左腳，右腳尖內扣，成左弓步；同時，右臂外旋，手心翻向上，持劍自下至上向前掃出，力達劍尖，高與胸同；左劍指向左後畫弧上舉至左額上方，手心朝前，指尖向右；面向正東，目視劍前方（圖20）。

【要點】

（1）由圖18右獨立步接轉圖19在仆步過程中，右腿屈膝下蹲時，右膝蓋儘可能對準右腳尖同一方向，使下肢

圖19

圖 20

拉開；右手劍向右後下劈時，右臂要先屈後伸，上身保持正直。

（2）圖 19 左仆步接圖 20 左弓步中，要以向左轉體帶動左腳尖外撇及右腳跟後退，形成前後兩腳 45°的角度。

【說明】：做仆步的，體強力壯者右腿全蹲，如果年老體弱半蹲即可。按練習者身體情況而定。

第八式　左右攔掃（左右平帶）

動作一　方向東

體略左轉，左腿坐實，右腳提起，經左腳內踝，腳尖下垂不著地；同時右臂屈肘，右手持劍，帶至左腹前，劍尖斜向上；左劍指弧形回落至腰旁，手心朝下，指尖斜向前（圖 21）。左腳向右前邁步，腳跟著地，腳尖外撇成右虛步；同時，右手持劍，向前送至胸前，手心朝上；左劍指置於右手左側，手心朝下；方向東偏南（圖 22）。

圖 21   圖 22

動作二

上身右轉，重心上移，右腳踏實成右弓步；同時，右臂
內旋，右手持劍，向右帶回至右肋外方，力在劍刃，手心朝
下；左劍指扶於右腕，手心朝下；面朝東南，目視帶劍（圖
23）。

動作三

重心繼續上移，
右腿坐實，左腳提
起，腳尖下垂，經右
腳內踝不著地；同
時，右手持劍，繼續
後帶（收），置於右
腰前；左劍指置於腹
前（圖 24）左腳向
左前邁步，腳跟著

圖 23

圖24　　　　　　　　　圖25

地，腳尖朝正東，成左虛步；同時，右手持劍前送，置於身體中線右側，手心朝下；左劍指扶於右腕內側（圖25）。

　　動作四

　　略向左轉體，重心上移至左腳，成左弓步；同時，右手持劍，向左前伸展，劍至人體中線，右臂外旋，手心翻向上，平劍向左後帶，左劍指由下向後、向上，弧形上舉至左額上方，手心朝前，指尖向右；面朝向東偏北，目引帶劍（圖26）。

圖26

【要點】

（1）左右平帶劍在練法上，右臂要先伸後屈，劍上送伸臂，將至人體中心線時，翻腕，過中心線，屈臂帶劍，左右相同。

（2）如圖 21，右腳提起至左腳內側，屈肘收劍；圖22，右腳出步，右手劍前送；圖 23，重心上移，成右弓步，右手心翻劍向右後帶。再如圖 24 至圖 26，其理與上相同。

（3）平帶劍的弓步到位後，身法定型，不要局限於正方向，做右平帶，右胯根略向右擤收，使身體朝前偏向右。左平帶偏左。做帶劍，劍尖不可朝正前方，右帶劍，劍尖偏左，左帶劍，劍尖偏右，不可把帶劍做成刺劍。

第九式　小奎星（虛步反撩）

動作一　方向東南

重心稍上移，左腿坐實，右腳提起，經左腳內側擺步向右前落腳，腳跟外側著地，成右虛步；同時，右臂內旋，右手持劍，弧形下落置於腹前，劍尖斜向下；左劍指弧形落至左胯旁，手心朝下（圖 27）

動作二

身體右轉，重心上移至右腳，左腳提起，向左前出步（東南）前腳掌著地，成左虛步；同時，右臂內旋，手心翻向外，劍由下向上立劍弧形上撩，力達劍刃，右腕置於右額後上方，劍尖斜向下；左劍指置於右肩前，手心朝外，指尖斜向上；面朝東南，目視前方（圖 28）。

圖 27

圖 28

【要點】

（1）由圖 25 轉向圖 27 過程中，在左腿坐右腳未提起之時，腰稍左轉，待右腳提起腰即右轉，以使身法靈活，出步順和。

（2）圖 27 轉接圖 28，在身體右轉的同時，右腳以腳跟為軸外轉，促使腳尖再外撇 45°，以利於圖 28 定勢。上身保持正直，頂勁上領，面容自然。

第二段

第十式　燕子入巢（左弓步平刺）

動作一　方向西北

左腳提起，向右後撤步，先腳前掌著地，同時，上身左轉 45°；右手持劍，弧形回落至胸前，平劍橫攔，手心朝下；左劍指弧形下落至腹前，手心朝下，指尖向右；面朝

圖 29　　　　　　　　　　圖 30

東（圖 29）。

動作二

身體左轉，右腳尖內扣（實步），左腳尖外撇（向西北）成左虛步；同時，右臂外旋，手心翻向上，持劍置於右腰側，劍尖朝前；左劍指置於左腰旁，手心朝下（圖30）。

重心移至左腳，成左弓步；同時，右手持劍，向前平劍刺出，略高於肩，力達劍尖；左臂外撇，左劍指畫弧後上舉至左額上方，手心朝外，指尖向右；面朝西北，目視劍尖前方（圖31）。

【要點】

（1）在上勢的圖 28 轉向圖 29 時，左腳撇步要撇向右後，不可向左後撇，否則就會影響下一動作的方向。

（2）由圖 29 轉向圖 30 過程中，在向左轉體的同時右腳尖內扣（右腳以腳跟為軸，實腳內扣腳尖），然後左腳

圖 31　　　　　　　　　圖 32

尖再外撇，朝向西北。

（3）該式方向由東南轉向西北，轉身 180°，下肢的力點轉換務必得法，動作要連貫。圖 31 劍向前刺出，劍尖與自己的鼻尖前後方向要一致，右腳跟的發力點，與右手劍形成一線，體力較好者可採用發力快刺。

第十一式　靈貓捕鼠（進步下刺）

動作一　方向西北

重心後移至右腳，左腳稍翹外撇，腳跟著地，成左虛步；右手持劍，抽至腹前，劍尖斜向上；左劍指弧形下落，置於右腕，手心朝下，指尖向右；目引抽劍（圖 32）。

動作二

重心移至左腳，右腳提起，向右前上步，腳跟著地成右虛步；同時，右手劍再略向後抽（圖 33）。

圖33　　　　　　　圖34

動作三

重心移至右腳，成右弓步；右手持劍，由下向上提，立弧由上向前下刺出（平劍），力達劍尖，劍尖與膝同高；方向西北，目下視劍尖（圖34）。

【說明】：靈貓捕鼠一式，共有兩次右弓步下刺，有6張圖照，動作1～3即圖32～34，是第一次刺劍。

【要點】

（1）由動作二（圖33）過渡到動作三（圖34），右虛步將要重心前移之際，先將右手劍弧形上提至胸前，劍尖斜向上。注意劍在上提時不可抬肘聳肩。隨著重心上移，右弓步形成，劍自前上向前下呈拋物線形刺出。

（2）動作要上下協調，不要有停頓現象出現，劍往前下刺不可點頭。

動作四

右腳坐實，左腳提起，向左前上步，腳尖外撇，腳跟

圖 35

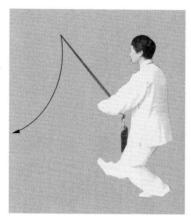

圖 36

著地成左虛步；同時，右手
劍回抽至腹前，劍尖上挑
（圖35）。

動作五

重心移至左腳，右腳提起
向右前上步，腳跟著地，成
右虛步；同時，右手持劍稍
向後收（圖36）。

動作六

重心上移至右腳，成右弓
步；同時，右手持劍弧形上

圖 37

提至胸前，繼而由上往前下刺出，劍尖略低於膝，力達劍
尖；面朝西北，目下視劍尖（圖37）。

【要點】

（1）由圖36接圖37的弓步下刺，其運劍方法與圖

33～34相同。圖36右腳上步成右虛步，在重心開始上移之前，將右手腕上提至胸前，隨著重心前移成右弓步，同時劍由前上向前下刺出，劍的運行呈拋物線。

（2）劍由下上提再由上向前下刺出的過程，就是右腳由虛步成為弓步的過程，上肢與下肢動作要同時完成。

第十二式　蜻蜓點水（虛步上抽）

動作一　方向南

身體左轉，重心後移至左腳，右腳尖內扣135°，成左側弓步；同時，右手持劍，立劍上抽，橫置於右肩前，手心朝內；左劍指護於右腕；面朝南，目視前方（圖38）。

動作二

稍向右轉體，重心移至右腳，成右側弓步；同時，右手持劍，向左前橫向下點，與踝同高，力達劍尖；左劍指置於右腕背；面朝南偏西，目視劍尖（圖39）。

圖38　　　　　　　　　　　　圖39

動作三

身體稍左轉，重心拔起，左腳內收，腳尖點地，成左丁字步；同時，右臂內旋，右手持劍，弧形上抽，置於右額外上方，手心朝外，劍尖斜向下；左劍指置於右臂內側，手心斜朝下；面朝南，目視前方（圖40）。

【要點】

（1）在向左轉體、重心移向左腳時，同時右腳尖內扣90°以使左側弓步舒適。

（2）重心由左腳移向右腳過程中，劍尖自西北立弧轉向東南做側面下點，在點出時右腕略提後再自然放鬆。「蜻蜓點水」的動作命名，就是來源於這一下點動作。

（3）身體拔起、同時右手持劍上抽的動作，要先轉腕，以腕領肘使右臂提起，動作要連貫，含有蜻蜓尾巴向水面一點（劍尖）立即上飛之形（意）。

圖40

（4）上身正直，面容端正。

第十三式　黃蜂入洞（弓步刺劍）

動作一　方向東北

重心下降，右腳站穩，左腳提起向左出步（東北），腳跟著地，成左虛步；同時，右手持劍，向後畫弧下落至右胯外側，手心朝下，成平劍；左劍指弧形落至左腹前，手心朝下（圖41）。

動作二

身體左轉，左腳尖外撇，重心移至左腳，形成左弓步；同時，右臂外旋，右手劍翻轉，手心向上、向前刺出，略高於肩；左劍指弧形上舉至左額上方，手心朝前；面朝東北，目視劍刺出（圖42）。

【要點】

（1）左腳出步時，要控制上身前俯，兩肩保持平整。

圖41　　　　　　　　　　圖42

（2）在向左轉體、左腳還是虛步時，左腳尖須外撇向東北方向，待左弓步將形成時，右腳跟外擺。

（3）劍向前上刺出，右手腕切莫內屈，手腕與右前臂、與劍成一條直線。

第十四式　鳳凰雙展翅（撤步反擊）

動作一　向西北

重心略上移，右腳踏實，身體右轉，左腳提起，下落在右腳內側，腳尖點地，成丁字步；同時，右臂內旋，手心翻向下，右手持劍，後帶至腹前；左劍指弧形落至左肋外方，手心朝下（圖43）。

動作二

右腳提起，側行出步，重心右移至右腳，左腳尖內扣，成右側弓步；同時，右手持劍，右抹至右肩外方，劍尖斜向左；左劍指展開，手心朝下，指尖向前（圖44）。

圖43

圖44

動作三

上身略左轉，重心復移至左腳，右腳提起，落於左腳內側，腳尖點地，成右丁字步；同時，右手心翻轉向上，右手劍回帶至腹前，劍尖斜向前；左劍指向右臂合攏，置於右前臂上方（圖45）。

動作四

上身右轉，右腳提起向右前出步（向南偏西），重心前移成右弓步；同時，右手持劍向右擊出，劍尖略高於右肩，力達劍刃；左劍指分開置於左肋外方；面朝南偏西，目側視劍前方（圖46）。

【要點】

（1）所謂雙展翅，就是兩次把兩臂展開，第一次下肢是右側弓步，持劍手心朝下，面朝南，劍尖斜向左（圖44）；第二次為右弓步；持劍手心朝上，劍尖向右外方，與右臂成直線（圖46）。兩臂展開速度要均衡，同時到

圖45　　　　　　　　　圖46

位。

（2）兩臂展開，兩肩要下沉，不可聳肩，以防氣上浮。

（3）動作全過程必須連貫圓滿，身法與上下肢的轉換務必協調一致。

第十五式　右旋風魁星勢（右抹反撩）

動作一　方向東南

上身左轉，右腳提起內收，上身右轉，右腳尖外擺，向右擺步，腳跟外側著地；同時，右手劍回抽至胸，即右手心翻轉向下，劍尖由向右轉為向左，劍橫攔於胸前；左劍指向右，抄至左胸前，手心朝下，指尖向右；面朝西南，目引劍運（圖47）。

動作二

身體右轉，右腳尖繼而外擺，重心移至右腳，左腳提

圖47

圖 48

圖 48 附圖

起，扣步下落，重心移至兩腿中間，成馬步；同時，右手持劍，隨轉體平抹，兩手內八字形相對；面朝北，目視前方（圖48、圖48附圖）。

動作三

重心落至左腳，上身繼續右轉，右腳提起向左腳後撤步，腳掌著地；同時，右手持劍，置於右腹側，劍尖斜向上；左劍指護於右腕（圖49）。

圖 49

動作四

稍向右轉體，重心略上拔，右手劍立劍向右上提置於右肩外上方，劍尖向下；左劍指置於右肩前，手心朝外（圖

圖 50　　　　　　　　　圖 51

50）。

　　拔腰收胯，左腳稍內收，腳尖點地形成左虛步；同時，右手劍繼續上撩，置於右額外上方，劍高於頭，劍尖低於劍把；左劍指向前指出，與劍上下相應，身體朝南，撩劍向東南，目視左劍指前方（圖 51）。

　　【要點】

　　（1）由右弓步到收腳，再出擺步，其中右腳收回未示圖表達，僅以文字說明。在實際練習中收腳必須清晰，以示下肢的靈活性。右手劍收回與右腳內收、擺步出腳，與右手心翻轉向下要同時完成。而且收劍要到近胸後，右手翻轉外抹至右肋外方。

　　（2）圖 48 為步形，不是定勢動作，而是身體右轉後重心由右腳移向左腳的一個過渡，所以在練習的時候不能停勢，應該順勢而過；右手劍要隨轉身抹之，不要把劍向後抽變成帶劍。

（3）圖48轉向圖49，右腳要向左腳外側交叉落地，而腳尖須向外擺足，以便下一動的定勢。

（4）腰腿轉換要靈活，臀部保持平弧旋轉，不可左右扭動，更不可後凸。劍法的變化過程中，右腕要畫小弧，不出棱角。

第十六式　左旋風等魚勢（左抹反刺）

動作一　方向西南

身體左轉，左腳提起向左外擺步，腳跟外側著地；右臂外旋，右手持平劍，橫置於右肩前，劍尖斜向前；左劍指弧形落至左胸前，手心朝下，指尖向右（圖52）。

動作二

向左轉體，左腳尖外撇朝北，重心落至左腳，右腳提起，向左扣步下落，重心移至兩腳中間，成馬步；同時，右手劍隨轉體左抹；左劍指置於原位；面朝北（圖53）。

圖52

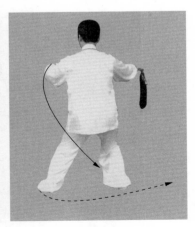

圖53

動作三

身體繼續左轉，重心移至右腳，左腳提起經右腳外後跟繞過，落至右腳外側，前腳掌外側著地，類似交叉步（圖54）。身體左轉，左腳以掌為軸，腳跟內轉；同時右腳以腳跟為軸腳尖內扣135°；同時，右手持劍，順轉體抹至腹前，手心朝下；左劍指置於右腕上方（圖55）。

動作四

稍向左轉體，右腳略提左移下落，腳尖著地，成右虛步；同時，右手持劍，以腕為軸畫順弧，至鼻前往右立下刺，手心朝內，劍尖斜向下，發力於腕，力達劍尖；左劍指弧形上舉，置於左額上方，手心朝外，指尖向右；面朝南，目引劍運（圖56）。

【要點】

（1）圖52的左腳擺步，與上式的原理、方法基本相

圖54

圖55

圖 56　　　　　　　　　　圖 57

同，惟左右方向不同。

（2）圖 53 轉圖 55 的左腳向後交叉後撤，腳尖要撇足，使腳尖對向右腳掌外側，兩腳成 T 字形。

（3）由圖 54 過渡至圖 55 的身體左轉中，重心逐漸移向左腳，同時左腳以掌為軸外轉至腳尖朝南，踏實，然後右腳尖內扣 135°，朝向西南形成圖 55 的姿勢。

（4）圖 55 至圖 56 的右手劍下刺之前，先要旋臂絞腕，使劍自左向右畫立弧立劍下刺，把動作練圓練活。在下刺的同時，右腳略左移、內收。

第十七式　鳳凰單展翅（弓步削劍）

動作一　方向南偏西

身體稍左轉，右腳收至左腳內側，腳尖點地，成丁字步；同時，右手持劍向左下帶，置於腹前，手心朝上，劍

圖 58

尖斜向左；左劍指弧形下落至胸前，手心朝下，指尖向右；面朝南，目引劍運（圖57）。

動作二

身體右轉，右腳提起向右前方邁步，先腳跟著地，重心移至右腳，全腳踏實，成右弓步；同時，右手持劍，向右削劍，略高於肩，發力於臂，力達劍刃；左劍指分開，置於左肋外方；面偏西，目視劍尖前方（圖58）。

【要點】

（1）圖56轉圖57的過程，在向左轉體前，先把右手劍向右展開，轉體時將劍帶回至腹前，這樣能體現出持劍的靈活、圓滿、舒展大方。

（2）圖58右腳邁步，方向要偏於西，重心前移，弓步與右手削劍要同時到位，上身正直，頂勁上領，左劍指略低於左肩。

第十八式　撥草尋蛇（左右下截）

動作一　方向東

身體左轉，左腳尖外撇 90°，右腳提起，經左腳內踝向右前出步（東），腳跟著地，成右虛步；同時，右手持劍抹至腹前，手心翻向下，劍尖斜向左；左劍指置於腹前，手心朝下；面朝東（圖 59）。

動作二

身體右轉，重心移至右腳，成右弓步；同時，右手持劍，向右下截（側立劍），力達劍刃下端；左劍指扶於右腕側；面朝東偏南，目下視前方（圖 60）。

動作三

右腳踏實，左腳提起，向左前邁步，腳跟著地，成左

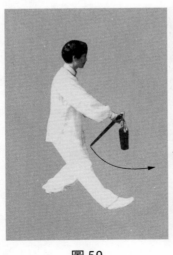

圖 59

圖 60

虛步；同時，右臂外旋，手心翻向上，持劍收至右腰前；左劍指與右腕分開，置於腹前（圖61）。

動作四

身體左轉，重心移至左腳，成左弓步；同時，右手持劍，向左下截（側立劍），手心朝上，力達劍刃下端；左劍指弧形上舉至左額上方，手心朝外，指尖向右；面朝東北，目視截劍（圖62）。

動作五

重心繼續上移，左腳踏實，右腳提起，經左腳內側向右前邁步，先腳跟著地，重心移至右腳，成右弓步；同時，身體略右轉，右臂內旋，手心翻向下，右手劍向右前下截，劍尖略低於膝，力達劍刃下端；面朝東稍偏南，目視截劍（圖63）。

圖61

圖62

圖 63

【要點】

（1）該式示意圖 5 張，向左下截劍一次，向右下截劍 2 次，共 3 次。在左右轉換過程中，重心不後移，而是成弓步後直接進步。所以在出腳時，要注意腳尖的角度，如果左右兩腳的腳都朝向東，那在弓步形成時會導致下肢的彆扭。為使下肢舒適，在右腳上步時腳尖要偏向東南（參照圖 59），與左腳尖保持 45°的角度。

（2）根據先輩的風格要求，下截劍的劍尖要略低於膝，下劍刃與膝同高（參照圖 63）。

（3）截劍的方法，向左或右下截時，手要以推為主，劍回收在腰旁，向斜前下方截劍之前，要先畫一平弧再往斜角推出，這樣能體現劍法運用的柔韌性。

第十九式　白虹貫日（弓步前刺）

動作一　方向東

身體稍左轉，左腳尖外撇，重心後移至左腳，右腳收回至左腳內側，腳尖點地，成右虛步；同時，右臂外旋，右手持劍後抽，置於腹前，手心朝上，劍尖向前；左劍指置於右腕旁；面朝東（圖64）。

動作二

右腳邁出，先腳跟著地，重心快速前移，成右弓步；同時，兩臂分開，右手持劍，向前上方快速平劍刺出，與頭頂同高，發力於臂，力達劍尖；左劍指置於左肩外方，手心朝外；面朝東偏北，目視劍尖前方（圖65）。

【要點】

（1）圖63轉為圖64的右腳後收，與右手心由下翻

圖64

圖65

上、劍向裡收，三者同時完成，並要做得柔和圓活。

（2）圖64至圖65，右腳邁出先腳跟著地，然後左腳跟外側發力，重心快速前移成右弓步，同時右手劍發勁刺出，一緊即鬆開，使出彈性。

（3）上身不要歪斜，神貫於頂。

第二十式　宿鳥投林（獨立上刺）

動作一　方向東北

身體稍右轉，重心後移至左腳，右腳後移，前掌著地，成右虛步；同時，右手持劍回抽，置於腹前，劍尖斜向上；左劍指置於右腕旁，手心朝下（圖66）。

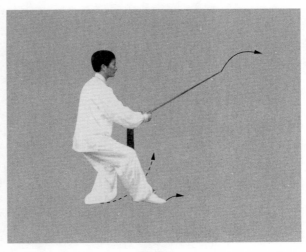

圖66

動作二

　　右腳提起，略向前上步，重心前移至右腳，右腿自然站起，左腿提膝，成右獨立步；同時，右手持劍，向前上方刺出（平劍），發力於臂，力達劍尖；左劍指置於左膝之上，指不貼膝，手心朝下；方向東北，目視劍尖前方（圖67、圖67附圖）。

【要點】

　　（1）圖66的右虛步，是圖65右弓步的承接，右弓步圖65是發勁快練，在變為右虛步時，動作要做得緩慢、柔和，體現出快慢相間。在形成右虛步後，臀部不可後凸。

　　（2）右獨立步不要搖晃，左腿提膝，左腳尖要內扣，不要外擺。劍尖高於頭，目視劍尖時，頭不可後仰，保持虛領頂勁。

圖67　　　　　　　　　　圖67附圖

第二十一式　烏龍擺尾（虛步下截）

動作一　方向東

右腿屈膝，重心下降，左腳向後下落，先腳掌著地，後全腳踏實；同時，身體左轉，右手持劍向左繞轉，置於左胸前（側立劍）；左劍指置於左肋外，面朝東北（圖68）。

動作二

身體右轉，右腳稍右移，前掌著地，成右虛步；同時，右臂內旋，右手持劍向右下截，劍成側立，置於右胯外側，力達劍刃；左劍指向左後弧形上舉，置於左額上方，手心斜朝上，指尖向右；面朝東，目視前方（圖69）。

【要點】

（1）圖68左腳不要向左後方下落，而是要下落在右

圖68

圖69

腳跟的後方，腳尖要外擺，以免步法散亂。

（2）圖 68 轉為圖 69 的過程是：上身再稍向左轉，帶動右手劍右繞，右手腕翻轉，劍尖由原向前轉向左，使劍尖畫個大弧，然後隨著上身右轉，將劍帶向右下截。動作必須連貫協調。

第二十二式　風捲荷葉（弓步平刺）

動作一　方向東

身體右轉，右腳提起，先收後邁步，腳尖外撇，腳跟著地，成右虛步；同時，右手持劍提至胸前，手心朝下，劍尖向前偏左；左劍指弧形回落至右腕側，手心朝下（圖70）。

動作二

重心前移至右腳，左腳提起，向左前邁步，腳跟著

圖 70

地，成左虛步；同時，右手腕外捲翻轉，右手劍抽至右腰旁，手心朝上，劍尖向前；左劍指置於劍把前上方；面朝東南，目引劍轉（圖71）。

動作三

身體左轉，重心前移，成左弓步；同時，右手持劍，向前平劍刺出，與肩同高，力達劍尖，手心朝上；左劍指弧形上舉至左額上方，手心朝外，指尖向右；面朝正東，目視劍尖前方（圖72）。

【要點】

（1）圖69轉圖70，右腳提起後再重新邁步，腳跟落地，要與右手劍向前上提，手心翻向下，協調一致。

（2）圖70承拉下一動圖71，在右腳站穩後，左腳進步，這時，右手腕要自左向右畫個立圓，手心翻向上，以示格、捲之意，所謂「風捲荷葉」就表達在這個手法上。

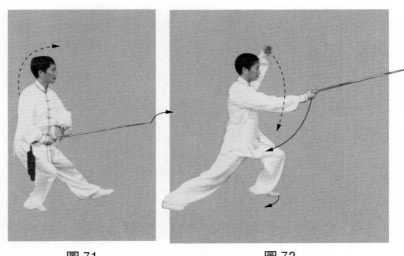

圖71　　　　　　　　　　圖72

（3）圖72的左弓步刺劍，上身不可前俯。上下之動必須連貫，不使斷續。

第二十三式　獅子搖頭（轉身斜帶）

動作一　向右斜帶方向西北轉西南

身體右轉，重心後移至右腳，左腳尖內扣90°，成右側弓步；同時，右手持劍，後抽至腹前，手心朝上，劍尖斜向前；左劍指弧形回落置於劍把旁，手心朝下；面朝東南（圖73）。

動作二

身體繼續右轉，重心復移至左腳，右腳提起向前上步，腳跟著地，成右虛步；右手劍，左劍指隨體轉動；面朝西南（圖74）。

圖73

圖74

動作三

身體右轉，重心前移至右腳，成右弓步；同時，右手持劍前送，左劍指與劍把分開，兩手距離約 30 公分；在右弓步即將形成、右手劍伸至身體中線時，右臂內旋，右手心翻轉朝下，形成帶劍；在右手心翻轉之間，左劍指跟上右手，置於右腕內側；面朝西稍偏北，目引帶劍（圖 75）。

【說明】：獅子搖頭勢是由轉身斜帶和縮身斜帶兩個動作組成。自圖 68 至圖 75，是轉身斜帶的基本框架，在圖75 之後，因右手帶劍未帶足，尚需後帶，所以圖 76 才是轉身斜帶的結束，也是縮身斜帶的開始。

【要點】

（1）轉身斜帶，在帶劍時要突出一個斜字，劍運向右斜角方向中，右手腕翻轉向右帶劍時，幅度要大些。

（2）在左腳跟步的同時，右手劍繼續回帶。

動作四　（縮身斜帶）

右手持劍，向右後帶；左腳提起跟於右腳跟旁，腳尖

圖 75

落地或不落地均可（圖76）。

動作五

左腳向後撤，先腳掌著地，重心後移，全腳踏實，右腳掌著地；同時，身體略左轉，右臂前伸，右手劍稍向左抹；左劍指置於右前臂內側；目視劍前方（圖77）。

動作六

身體左轉，右腳後移，成右虛步；同時，右手持劍左

圖76

圖77

圖78

抹，至身體中線即右臂外旋，手心翻向上，向左帶劍至左腹前，力循劍刃移動；左劍指搭於劍把，手心朝下；面朝西南，目引帶劍（圖78）。

【要點】

（1）由圖76至圖77的左腳後撤，在重心後移之間將右臂自然伸直，不要做成先伸臂後退步，變成刺劍的練法。

（2）圖78是縮身斜帶的到位動作，向左後帶劍的重點，在於身體左轉、右腳內收之間。

（3）帶劍的劍尖不要朝正前方，應為向右帶劍，劍尖斜向左；向左帶劍，劍尖斜向右。

第二十四式　虎抱頭（提膝捧劍）

動作一　方向西

右腳提起向右後撤步，先腳掌著地，重心後移，全腳踏實，左腳跟提起，成左虛步；同時右臂內旋，兩臂八字形分開，兩手心均朝下；面朝西，目視前方（圖79）。

圖 79　　　　　　　　　　圖 80

動作二

左腳提起即向前下落，重心前移踏實，左腿自然站立，右膝上提，成左獨立步；同時，兩臂均外旋，手心向上，右手持劍，弧形上提至胸前（平劍），劍尖向前略高於腕；左劍指托於右手背；面朝西，目視前方（圖 80）。

【要點】

（1）圖 79 向圖 80 過渡時右腳後撤坐實成左虛步，重心還未前移落到左腳之前，兩手再向外展，重心前移至左腳，兩手由分到合，提膝與捧劍要同時到位。

（2）右腿提膝，右腳尖下垂內扣，獨立步站穩，不搖晃。

第二十五式　野馬跳澗（跳步平刺）

動作一　方向西

右腳向前自然伸出，腳尖內扣（圖 81）。

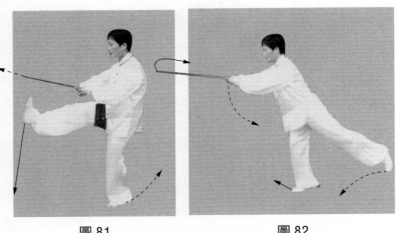

圖 81   圖 82

動作二

身體前傾，右腳下落，左腳離地，成右獨立步；同時，雙手捧劍向前伸（圖 82）。

動作三

左腳向左前跳步下落，右腳提起；同時，兩臂均內旋，兩手分開，右手劍置於右胯前外方，持成平劍，手心朝下，劍尖向前；左劍指置於左胯前外方；面朝西，目引劍運（圖 83）。

動作四

右腳向右前下落，先腳跟著地，後全腳踏實，重心前移，成右弓步；同時，右臂外旋，右手持劍，平劍刺出，與肩同高，力達劍尖；左劍指往左後畫弧上舉，置於左額上方，刺劍向西；體朝西偏南，目視劍尖前方（圖 84）。

【要點】

（1）圖 81 至圖 82，在右腳向下落還未著地之際，右

圖 83

圖 84

手劍往下抽至腹前，隨右腳著地，身體前傾，同時將劍前
送出。

（2）圖 83 的跳步下落，右支撐腿站穩即提右腳，不
讓上身搖晃。

（3）右手持劍刺出的同時，身體略左轉，朝向西南。

（4）刺劍方法，可採用發勁快刺。

第三段

第二十六式　懸崖勒馬（馬步捧劍）

動作一　方向南

身體左轉，重心後移；右腳尖內扣，左腳尖外撇 45°，成左側弓步；同時，右手持劍，後抽至右肩前，手心朝內，成立劍，劍尖向右，左劍指置於左肩上方，手心朝上，指尖向右（圖 85）。

動作三

左腳坐實，右腳提起向前下落，腳尖向前，兩腳橫距寬於兩肩，重心移至兩腳中間成馬步；同時，右手持劍向上畫弧，經鼻前回落，置於腹前，手心朝內，劍豎立；左劍指變掌，扶於右手背；面朝南，目視前方（圖 86）。

圖 85

圖 86

【要點】

（1）圖85轉圖86：右手劍先由原來位置向上畫個立弧，經鼻前下抽至腹。

（2）成馬步時上身要正直，切忌臀部反凸，頭部神貫於頂。

第二十七式　白猿獻果（併步平刺）

動作一　方向東

重心移至右腳，身體左轉，左腳尖外撇90°，成左虛步；同時，兩手捧劍稍上提（圖87）。

動作二

重心上移至左腳，右腳提起，落於左腳內側（圖88）。

圖87

圖88

動作三

兩腿站起，成併步；同時，兩手捧劍，向前平劍刺出，與肩同高，力達劍尖；面朝東，目視前方（圖89）。

【要點】

（1）右腳下落至左腳內側，兩腳不必過於併攏，要有一定的距離，否則會使會陰夾緊，影響氣血暢通。

（2）圖88轉圖89的平劍刺出，要先將劍提至上胸後再向前刺。

第二十八式　迎風撣塵（左右攔劍）

動作一　　（向左攔劍）方向東

重心移至右腳，身體稍右轉；左腳提起，向左前邁步，腳跟著地，成左虛步；同時，右臂內旋，右手持劍外擺，置於右胯外方，手心朝下；左劍指置於左胯前，手心朝下（圖

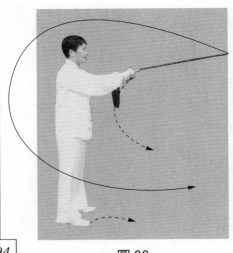

圖89

圖90

90）。

動作二

身體左轉，重心移至左腳，成左弓步；同時，右手持劍，向左前上攔，成側立劍，力達劍刃，手心朝上；左劍指弧形上提至左額上方，手心斜向上，指尖向右；面朝東稍偏北，目視左斜方（圖91）。

動作三　　（向右攔劍）

左腳踏實，右腳提起，向右前邁步，先腳跟著地，成右虛步；同時，右臂內旋，右手持劍，向左下畫弧，經左胸前向右上攔，劍成側立，力達劍刃；左劍指置於右臂內側；面朝東偏南，目視右斜前方（圖92）。

動作四

右腳踏實，左腳提起，向左前邁步，先腳跟著地，重心前移至右腳，成右弓步；同時，右臂外旋，右手持劍回

圖91

圖92

圖 93　　　　　　圖 94

落，經右胸前向左上方攔出，成側立劍，力達劍刃；左劍
指弧形上舉，置於右臂內側，手心朝下，指尖向右；面朝
東稍偏北，目視左斜前方（圖 93）。

動作五（向左攔劍）

身體稍右轉，左腳提起向左前邁步，腳跟著地，成左
虛步；同時，右臂內旋，右手持劍外擺，置於右外方，手
心朝下；左劍指置於左胯前，手心朝下（圖 94）。

動作六

身體左轉，重心移至左腳，成左弓步；同時，右手持
劍，向左前上攔，成側立劍，力達劍刃，手心朝上；左劍
指弧形上提至左額上方，手心斜向上，指尖向右；面朝東
稍偏北，目視左方（圖 95）。

【要點】

（1）本式向左攔劍兩次，向右攔劍一次。在左右變化
過程中，重心不後移，而是確定出腳的角度後直接進步，

圖 95

為了不使下肢彆扭，所以在出步時要注意腳尖的方向。

（2）如圖 92，左腳上步，腳尖向正東，與右腳成45°。

（3）圖 93 右腳進步，腳尖朝向東南，與左腳尖成45°；圖 95 左腳尖又向正東。

（4）動作練習要連貫協調，不能停頓。

第二十九式　順水推舟（進步反刺）

動作一　方向東

身體右轉，右腳踏實，右腳提起，經左腿前交叉進步，腳尖外擺，成叉步；同時，右手持劍，向右下落至右腹前，手心斜朝上，劍尖斜向下；左劍指弧形落至右腕下，手心朝上；目向右下視劍（圖 96）。

動作二

身體略右轉，重心下降，右腿坐實，左腳跟提起成歇

圖 96

圖 97

步；同時，兩手分開，體稍右轉，右手劍向右立劍刺出，
與肩同高，力達劍尖；左劍指置於左肩外方，手心朝外，
兩臂自然伸直；面朝南；目斜視劍尖方向（圖97）。

動作三

右臂下沉，右手以腕為軸，持劍豎立（圖98）。

左腳提起，向左前上步，腳跟著地，成左虛步；同

圖 98

圖 99

時，右手持劍，上提至右肩外上方，劍尖斜向上；左劍指稍後移（圖99）。

動作四

身體稍左轉，重心前移至左腳，成左弓步；同時，右手持劍向前反刺（右腕置於右額上方），手心朝外，劍尖低於劍柄，力達劍尖；左劍指後收至右臂

圖 100

旁，手心朝外，指尖斜向右；身體朝東南，目視前方（圖100）。

【要點】

（1）圖 97 的交叉上步，右腳要落在左腳尖前方，兩腳不需有橫向距離，便於歇步形成。

（2）身體條件不容許者，在兩手分開中，下肢按圖 96 定型，可不做圖 97 的歇步。

（3）如圖 99 的左腳上步，兩腳間的橫向距離不宜過寬，否則反刺時會導致架勢散亂，身法不正，影響動作的完整。反刺劍動作定勢時，要控制住肩關節，不使其聳起，肩聳起就會影響沉氣，削弱鍛鍊的效果。

第三十式　流星趕月（反身劈劍）

動作一　方向西北

身體右轉，重心移至右腳，左腳尖內扣 135°，成左側弓步；同時，右手持劍，回抽至右肩外方，手心朝外；左劍指落於右胸前，手心向下；面朝南（圖 101）。

動作二

身體繼續右轉，重心移至左腳，右腳提起，向右後邁步，腳跟著地，成右虛步；同時，右手持劍在右肩外方，劍體斜豎；左劍指置於腹前，手心朝上（圖 102）。

動作三

重心前移至右腳，成右弓步；同時，右臂伸直，右手持劍，向西北方向立劍劈出，力達劍刃；左劍指自後向上置於左額上方，手心向上；方向西北，目視劍尖前方（圖 103）。

【要點】

（1）自「順水推舟」朝東，至「流星趕月」向西北，

圖 101

圖 102

圖 103

轉體為 225°，下肢的重心變化有四次，但劍尖的運行，應
不受下肢虛實轉換導致左搖右擺，而是要掌握由東向西
北，呈一條拋物線劈出，以使其「流星」之稱形象化。

（2）如圖 101、圖 102 的下肢變化，胯根要平弧轉動，不讓臀部扭擺，中心線要中正。

（3）圖 103 的右手劍劈出，與右腳尖方向上下相應，胸口與右手劍方向為 45°～60°。

第三十一式　天馬行空（虛步點劍）

動作一　方向南

身體左轉，左腳尖翹起，腳跟著地，成左虛步；同時，右臂外旋，右手劍置於右肩外方，手心朝左，劍尖向後；左劍指下落，置於胸前，手心朝下（圖 104）。

動作二

重心前移，左腳踏實成左弓步；右手劍稍向前移（圖 105）。

動作三

左腳踏實，右腳提起，落至右前，腳尖點地，成右虛

圖 104　　　　　　　　　圖 105

步；同時，右手持劍提腕下點，力達劍尖；左劍指扶於右手旁，方向朝南，目下視點劍（圖106）。

【要點】

（1）「天馬行空」是個很輕鬆自然的動作，在練習時不要產生定勢、出現斷續的現象，而應自然地一氣呵成，不使停頓。

（2）在完成圖106時，頭切莫下點，而應以目光下視去表達動作的到位。右虛步的腳尖，與左腳跟在一條直線的兩側。

第三十二式　挑簾勢（提膝托劍）

動作一　方向北

右腳提起，經左腳內踝向左後插步，腳掌著地，腳跟提起，重心下降，兩腿屈膝下蹲，右腿墊於左腿之下，成盤坐步；同時，右手持劍，下抽至腹前，手心朝內，劍尖

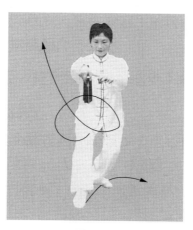

圖 106

圖 107　　　　　　　　　圖 108

斜向上；左劍指置於右腕處，手心朝下；面朝南，目斜視劍外方（圖 107）。

動作二

身體右轉，兩腳以掌為軸碾轉，重心螺旋形上升（轉身為 135°），重心落至右腳，成左虛步；同時，右手持劍，撩至右肩外方，手心朝外；左劍指置於右胸前；面朝西北（圖 108）。

動作三

身體略右轉，右腿自然站起，左膝上提，腳尖下垂，成右獨立步；同時，右手持劍上托（立劍），置於頭前上方，力達劍刃；左劍指置於右臂內側，手心朝外，指尖斜向上；面朝北，神貫托劍（圖 109、圖 109 附圖）。

【要點】

（1）圖 106 轉向圖 107。右腳向左後插步，在落腳

圖 109　　　　　　　　圖 109 附圖

時，與左腳的外方距離要開些，以利於盤坐步的形成，重
心下降，上身要保持正直。

　　年老體弱的練習者，可用交叉步代替盤坐步。

　　（2）圖 107 至圖 108，在身體右轉，重心上升時，兩
腳必須以前掌為軸碾轉，轉至面朝西北時，重心落至右
腳，左腳成虛步，重心要隨著體轉而逐漸上升，不可突然
站起。

　　（3）為使「提膝托劍」朝北的方向無誤，如果圖 108
右腳尖的外撇角度不夠，在形成獨立步之前，右腳尖再補
撇 45°，以保證圖 109 的方向正確。

　　（4）劍的運轉變化，要與下肢和身法的轉動保持協調
完整。

第三十三式　左右車輪（左右掛劍）

動作一　方向西

身體左轉，右腿半蹲，左腳向左外落步，腳跟外側著地，腳尖外擺；同時，右手持劍，弧形向左下落，置於右肩前，手心朝後，劍尖向下；左劍指置於右胸前，手心朝下，指尖向右；身體朝西，目引劍尖（圖110）。

動作二

身體繼續左轉，重心前移至左腳，左腿屈膝半蹲，右腳跟略提，形似交叉步；同時，右臂外旋，右手持劍畫立弧，置於胸、腹前，手心朝內，劍尖由右下轉向左上；左劍指扶於右腕，手心朝下；面朝南，目引掛劍（圖111）。

圖110

圖111

動作三

身體右轉，右腳提起，向左腳前上步，腳跟外側著地，腳尖外擺；同時，右臂外旋，右腕向外翻轉，右手劍自左向右畫立圓至右肋外方，手心朝外，劍尖斜向下；左劍指隨右腕轉動；面朝西，目引掛劍（圖112）。

動作四

身體繼續右轉，右腳尖外撇，重心前移至右腳，左腳跟稍提起；同時，右臂、腕內旋，右手劍自下向上立劍右掛，置於右腰外方，劍體豎起，力達劍刃，手心朝前；左劍指與右腕分開左展，手心斜朝外，置於左肩外方；面朝北，目視掛劍（圖113）。

【要點】

（1）圖110、圖111是向左掛劍，圖112、圖113為向右掛劍。左右掛劍的練法：身轉、步換、纏劍，是以立劍

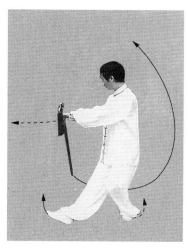

圖112

圖113

沿著身體兩側立圓繞纏。

（2）左右兩腳上步下落都不要偏離中線，如圖110，左腳的下落不能偏左，而是要落在右腳掌向前的中線上，右腳出去也是如此。

（3）劍、身、步要協調完整，一氣呵成，切忌停勢斷續。

第三十四式　燕子含泥（虛步下劈）

動作一　方向西北

身體左轉，左腳提起，向左前上步，腳尖外擺，腳跟著地，成左虛步；同時，右臂內旋，右手持劍，上提至右肩前，手心朝左；左劍指置於左胯前方，手心朝下（圖114）。

圖114

圖 115　　　　　　圖 115 附圖

動作二

重心前移至左腳，右腳提起，向右前上步，腳掌著地（右腳尖朝西偏北），成右虛步；同時，右手持劍，左劍指弧形上舉至左額上方；面朝西偏北，目前視劈劍（圖115，圖 115 附圖）。

【要點】

（1）圖 114 的練法是：先左腳上步，待腳跟著地後再轉身，同時把劍提至右肩前。

（2）圖 115 左腳踏實，右腳上步後右虛步形成，和右手劍劈出、左劍指上舉均須同時完成，右腳尖方向偏北。

第三十五式　大鵬展翅（撤步反擊）

動作一　方向北偏東

右腳提起，向右後撤步，先腳掌著地；同時，右手劍

<table>
<tr><td>圖 116</td><td>圖 117</td></tr>
</table>

隨身回抽至右腹前；左劍指向前下落至右腕（圖 116）。

動作二

身體右轉，左腳尖內扣 135°，重心移至左腳，右腳尖外撇 90°，重心復移至右腳，成右弓步；同時，右臂外旋，右手持劍，向右斜上方擊劍，與頭同高，手心朝上，力達劍刃前端；左劍指置於左胯外方；面朝東北，目視劍尖前方（圖 117）。

【要點】

（1）圖 116 的右腳後撤時，身體不向右轉，待左腳尖內扣之際再向右轉體，右腳向後下落要偏東北方向。

（2）在圖 116 承接圖 117 時，待左腳扣足後重心再移向左腳，以便右腳的外撇。

（3）右弓步的形成，與右手劍擊出，左劍指拉開均要同時完成。

圖 118　　　　　　　　　　圖 119

第三十六式　海底撈月（弓步撩劍）

動作一　方向西

重心後移至左腳，右腳尖內扣 90°，重心復移至右腳，右腿站立，左腳提起，成右獨立步；同時，右手持劍收至右腹前，即手心翻轉向下，持劍置於右肋外；左劍指置於左腹前，手心朝下，指尖向右（圖 118）。

動作二

左腳向左前下落，腳跟著地，成左虛步（圖 119）。

動作三

身體左移，重心前移至左腳，右腳提起向右前進步，腳跟著地，成右虛步；同時，右臂外旋，右手持劍置於右腹前，手心朝上，劍尖斜向下；左劍指置於左肋前（圖 120）。

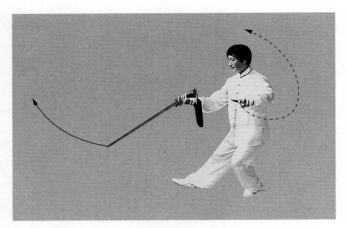

圖120

圖121

動作四

　　重心前移至右腳，成右弓步；同時，右手持劍，由下向上撩出（立劍），劍尖稍向下，力達劍刃；左劍指弧形上舉至左額上方；方向西，目視前方（圖121）。

【要點】

（1）圖 117 轉向圖 118 之際，待右腳尖內扣後，再讓右腿獨立，否則會使完成下一動作時方向錯誤。

（2）圖 119 的左腳下落，腳尖要偏向西南，以利右腳上步方向朝西。

（3）上下四動要保持上身正直，步法連貫，劍法圓滿。

第三十七式　懷中抱月（虛步抽劍）

動作一　方向西

身體稍左轉，重心後移至左腳，右腳後移，腳尖點地，成右虛步；同時，右手持劍，向左下回抽，置於腹前，手心斜朝內，劍成側立，劍尖斜向上；左手貼於右手背；面朝西南，目斜視劍尖外方（圖 122）。

圖 122

【要點】

（1）劍的後抽，要先提腕，由上而下畫出弧線抽至腹前，抽回的速度要緩和。

（2）臀部內斂，胯根收進，身不前俯。

第三十八式　夜叉探海（獨立下劈）

動作一　方向西

身體左轉隨即向右轉，右腳離地後即向前落地；右手

持劍，隨體轉動後上提至右胸前，手心朝外；左劍指置於劍下（圖123）。

動作二

重心前移至右腳，右腿站立，左膝提起，腳尖下垂內扣，成右獨立步；同時，右手持劍，立劍下劈，力達劍刃；左劍指向左後畫弧上舉，置於左額上方；身體朝南偏西，劈劍向西，目下視劈劍（圖124）。

圖123

【要點】

（1）由圖122承接圖123的過程是：身體由左向右轉時，右腳要腳尖點地隨身轉動，如果是腳掌著地，就會導致身體旋轉瞥扭。練習者可在實踐中去體會。

（2）圖124的右手劍下劈，右臂與劍體基本保持一條直線，獨立腿站穩，不讓上身搖晃。

圖124

第三十九式　犀牛望月（轉身抽劍）

動作一　向東南

右腿屈膝，左腳向左後下落，腳掌著地；同時，右臂外旋，右手持劍，上提至右肩前（立劍）；左劍指弧形下落，置於右臂左側（圖125）。

動作二

身體左轉，左腳尖外撇，重心移至左腳，右腳跟略外擺，成左弓步；同時，右手持劍回抽，置於右肩外側（立劍），略高於肩，力循劍刃滑動，手置右肩前方；左劍指貼於右腕；方向東南，目視前方（圖126）。

【要點】

（1）右手劍上提與右臂外旋、手心外翻要同時做到，務須與左腳向後下落上下協調。

（2）圖126的身體左轉，與左腳外撇要同時活動，待

圖125

圖126

左弓步即將形成時，右腳跟隨之外擺；劍法、步法必須上下一致，同時到位，劍刃切莫扛在右肩上，要置於右肩外側，右手要鉗把持劍。

第四十式　射雁勢（虛步下截）

動作一　方向東南

重心稍上移，右腳墊步，重心後移至右腳；同時，右手持劍成全把，立劍置於右腹前，劍尖斜向上；左劍指收至腹旁（圖127）。

動作二

右腿坐實，左腳略向後移，腳尖著地成左虛步；同時，右手持劍下截，置於右胯外，手心斜朝內，劍成側立，力達劍刃，劍尖斜向下；左劍指向前指出，與鼻同高，指尖斜向上；方向東南，目視前方（圖128）。

圖127　　　　　　　　　圖128

【要點】

（1）圖 127 右腳墊步腳尖外撇向南，劍尖自後轉向斜前上，速度要緩慢和順。

（2）在右手劍下截和左劍指前指之間，上身要稍右轉，左劍指的指與鼻相對，兩胯內收，上身正直，頂勁上領。

第四十一式　白猿獻果（併步平刺）

動作一　向東南

身體左轉，重心前移至左腳，右腳提起，落於左腳內側，兩腳併立；同時，右臂外旋，右手心翻向上持成平劍，置於腹前，劍尖斜向上；左劍指變掌托於右手背（圖 129）。

動作二

重心落在兩腳中間，兩腿自然立起成併步；右手持劍向前刺出（平劍）；左手托在右手背；面向東南，目視劍尖前方（圖 130）。

圖 129

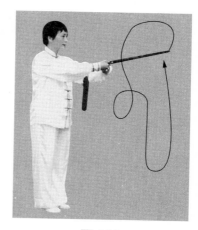

圖 130

【要點】

（1）兩腳不需過於併攏，否則會影響會陰的氣血暢通，臀部內斂不後凸，見圖129。

（2）圖130右手劍刺出的過程是：隨著兩腿立起，兩手捧劍要自下而上畫出個立弧，再向前刺，劍高同肩，身體不前俯後仰，立身中正。

第四段

第四十二式　青龍探爪（仆步反穿）

動作一　向西

身體稍左轉；右臂屈肘內旋，右手以腕為軸，持劍向左繞立圓，劍尖先向下後轉上，置於左胸前，手心朝內；左掌變劍指，置於右腕旁，手心朝下，指尖向右（圖131）。

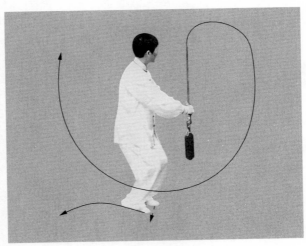

圖131

動作二

身體右轉,重心落至左腳,右腳向右移步,重心移至右腳,左腳尖內扣45°,成右側弓步;同時,右臂外旋,以腕為軸外翻,右手劍自上轉下,再從下返上繞立圓,置於右腰外方,手心朝前,劍尖向上;左劍指置於右肋前,手心朝下,指尖向右(圖132)。

動作三

左腳外移,重心落於左腳,成左側弓步;同時,右手持劍弧形上舉,置於右肩外上方,手心朝外,立劍橫架於頭前上方;左劍指自右向左置於左肩外方;面朝南,目視劍指前方(圖133)。

動作四

上身稍向左斜,左胯根收進,左腿屈膝全蹲,右腿自然伸展,腳跟外推,成右仆步;同時,右手持劍經左額,

圖132　　　　　　　　圖133

右腕翻轉手心朝內，劍畫立圓，經腹前沿右腿，向右下立劍反穿，手心朝後，力達劍尖；左劍指自下至上畫弧，置於左額上方；身體朝南，劍刺向西，目視刺劍方向（圖134、圖135）。

【要點】

（1）該式共4圖。在實際練習中，劍要畫出三個立圓，自上式圖130至本式圖131為第一個立圓，從圖131至圖132是第二個立圓，圖132至圖135是第三個立圓。

（2）三個立圓依賴於旋臂轉腕，右手劍是由高轉底、由下轉上、自左向右、由右向左的畫動去實現的。每當畫出一圓就出現一次翻腕，練習者可在實踐中出體會。

（3）圖131至圖134，腳有兩次移步，先左後右。在移動中，腳要貼近地面而移，不要提得太高。

（4）動作必須做得清晰，並要連綿不斷。年老體弱者可免做右仆步，以左側弓步代替即可。

圖 134   圖 135

第四十三式　鳳凰展翅（弓步削劍）

動作一　向西北

身體上升右轉，重心移向右腳，左腳內扣，重心復移至左腳，右腳向後收，隨即向右前出步，腳跟著地，成右虛步；同時，右臂外旋，右手持劍收至腹前，手心朝上；左劍指弧形下落至腹前，手心朝下；面朝西偏南，目下視劍尖（圖136）。

動作二

身體右轉，重心前移至右腳，成右弓步；同時，右手持劍，向右平劍削出，劍尖稍高於肩，力達劍刃；左劍指向左展開，置於左肋外方，手心斜朝下，指尖向前；面朝西北，目視劍尖前方（圖137）。

【要點】

（1）在右仆步變成右虛步時，臀部不可後凸。

圖136　　　　　　　　　　　　圖137

（2）圖 137 的右手劍向右削劍，右前臂稍越過右大腿位置，處於右大腿外上方，把架勢拉大。面朝西，劍尖向西北。

（3）中正安舒，神貫於頂。

第四十四式　左右跨攔（進步下攔）

動作一　向西北

身體左轉，重心後移至左腳，右腳收至左腳內側，腳掌著地，成右虛步；同時，右手持劍收至腹前，手心向上，劍尖斜向前；左劍指抄至右腕旁，手心朝下（圖 138）。

動作二

身體右轉，右腳提起，向右前邁步，方向西北，重心前移至右腳，成右弓步；同時，右臂屈肘內旋，右手心翻向下，持劍向右前下攔，置於右膝前，劍成側立，力達劍刃；左劍指置於右腕內側；面朝西北，目下視劍前方（圖139）。

圖 138　　　　　　　　　圖 139

動作三

畫弧收劍，左腳提起，向左前方進步，左腳尖向西，身體左轉，重心前移至左腳，成左弓步；同時，右臂外旋，手心翻上，右手持劍向左前下攔，置於左膝前方；左劍指向後畫弧，上舉至左額上方，手心朝上；面朝西，目視攔劍（圖140）。

動作四

畫弧收劍，右腳提起，向右前進步，先腳跟著地，身體右轉，重心前移，全腳踏實，成右弓步；同時，右臂內旋，手心翻向下，持劍向右前下方攔劍；左劍指扶於右腕旁；面朝西北，目視劍前方（圖141）。

【要點】

（1）左右跨攔的招法，與左右下截劍相似。這一招法名稱，是根據師承相傳，故而保留其原名，不作改變。

（2）該式運行方向朝西北，所以在出右腳時，其腳尖

圖140

圖141

一定要對準西北方向。上左腳，腳尖朝正西，左右兩腳尖保持45°的角度。兩腳的橫向距離可適當放開些，因為名稱為「左右跨攔」。

（3）練習時，意貫劍刃中段。撥草尋蛇，是意貫劍刃下端，兩式有所不同。

（4）持劍翻腕攔出，與轉身重心前移要協調一致，不早不遲。

第四十五式　射雁勢（虛步回抽）

動作一　向西北

右腿坐實，左腳提起落於右腳內側，腳尖點地，成丁字步；同時，右手持劍，向左畫弧，置於胸前；左劍指置於右前臂（圖142）。

動作二

身體右轉，左腳向前出步，腳跟著地，成左虛步；同時，右手持劍，先弧形向前伸，後回抽至右胯外側，劍呈側立，手心斜朝下，力達劍刃；左劍指向前指出，指尖斜向前；面朝西北，目視劍指前方（圖143）。

【要點】

（1）圖141至圖142的過程：在左

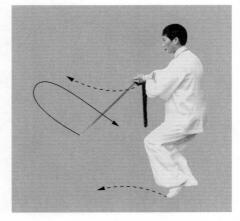

圖142

圖143

圖144

腳跟步之際，右手劍要自右下向左上畫半弧，置於胸前。左腳可著地，也可不著地。

（2）圖142至圖143時，右腳可用實腳轉動去調節一下腳尖的角度，外擺45°使腳向北，以保證定勢時朝西北的方向。

（3）劍在回抽之前，右臂略外旋自然伸展，右手劍含有外劈之意，然後將劍後抽。

第四十六式　白猿獻果（併步平刺）

動作一　向西北

身體稍左轉，重心前移至左腳，右腳提起，落於左腳內側，腳掌著地；同時，右臂外旋，右手持劍，弧形上提至腹前（平劍），劍尖斜向上；左劍指內收，托於右手背（圖144）。

動作二

重心落至兩腳中間，兩腳自然立起，成併步；同時，兩手將劍先弧形上提後向前刺出，劍尖高不過喉，力達劍尖；方向西北，目視前方（圖145）。

【說明】：該式與第四十一式方向相反，要點相同。

第四十七式　左右落花（退步帶劍）

動作一　背向東南

重心落至右腳，右腿屈膝半蹲，左腳提起，向左後撤步（圖146）。

動作二

身體左轉，重心移至左腳，成左側弓步；同時，右手持劍，帶至左腹前，手心朝上，劍尖斜向右，力沿劍刃滑動；左劍指置於右腕旁，手心朝下（圖147）。

圖145　　　　　　　　　　圖146

動作三

身體右轉，右腳提起，經左腳內側向右後撤步，先腳掌著地，後全腳踏實，成右側弓步；同時，右臂內旋，右手心翻向下，持劍先向前引送，再向右回帶，置於右肋前，手心朝下，劍尖斜向左，力沿劍刃滑動；左劍指扶於右腕，手心朝下；面朝西北，目引帶劍（圖148）。

【要點】

（1）左右兩次帶劍，不可直線後抽，要弧形帶回，切勿把帶劍練成抽劍。向左帶劍時劍尖偏向右；向右帶劍時劍尖偏向左。

（2）左腳向左後撤，要加大與右腳的橫向距離，右腳撤步也與左腳相同。

（3）上身正直，身體以平弧轉動，勿左傾右斜。

圖147

圖148

第四十八式　黑虎伏崗（抹雲掃劍）

動作一　向東南

身體稍左轉，左腳收至右腳內側，腳尖點地，成丁字步；右手持劍，抹至右肩外方，手心朝下（圖149）。

動作二

左腳向左側移步，身體左轉，重心移至左腳，成左側弓步；同時，右手持劍左抹，置於胸前；左劍指與右腕分開（圖150）。

動作三

右腳提起，移至左腳內側，身體先左轉，隨即向右轉；同時，右臂外旋，右手以腕為軸，手心自下翻轉向上，持劍向額前上方，自右向左復右畫圓雲轉，置於右肩前方，手心朝上，持為平劍；左劍指隨右臂運轉，置於胸前；面朝西南，目引雲劍（圖151、圖152）。

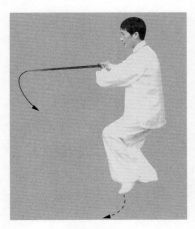

圖149

圖150

圖151　　　　　　　　　圖152

動作四

　　重心落至右腳，右腿屈膝全蹲，左腳出步向東南方向
伸展，腳跟外擺，腳尖內扣，成左仆步；同時，身體稍右
轉，右臂內旋，右手持立劍向右劈出，手心朝前；左劍指
置於右臂內側，手心朝下，指尖向右；面朝西偏北，目視
劍前方（圖153）。

圖153

動作五

身體左轉，重心前移，左腳尖外撇，右腳跟外擺，成左弓步；同時，右手持劍，自右向前掃劍，手心朝上，力達劍刃；左劍指自右向左後畫弧上舉，置於左額上方；面朝東南，目視前方（圖154）。

【要點】

（1）該式有抹、雲、掃三種劍法。圖149、圖150為抹劍的過程。圖151、圖152是雲劍過程，練到圖151時，劍持成活把，將劍柄鉗在虎口，從鼻前順時針畫弧，使劍尖從前額上方繞轉一圈後，呈現圖152之形。圖153、圖154是掃劍姿勢。

（2）掌握三種劍法之外，還有虛步、側弓步、移步、仆步和弓步五種步法，與三種劍法相協調，必須做到上下相隨。

（3）體力差者，可用右側弓步代替左仆步。

圖154   圖155

第四十九式 玉女穿梭（弓步平刺）

動作一 向東南

重心略上移，右腳墊步，落於左腳後方，重心後移至右腳，左腳掌著地；右臂內旋，右手持劍，回抽至右腹外方，手心朝下；左劍指落至腹前；左腳出步，腳掌著地，成左虛步；同時，右手心翻向上，持劍下沉至右胯外側；左劍指前抄至左腹前，手心朝下；面向東南（圖155、圖156）。

動作二

身體左轉，重心前移至左腳，成左弓步；同時，右手持劍，向前刺出（平劍），高不過肩，力達劍尖；左劍指向左弧形上舉至左額上方；面朝東南，目視劍尖前方（圖157）。

圖156

圖157

【要點】

（1）劍向前刺出，劍尖要與鼻尖一致，如果過於偏右，會使動作散亂。

（2）在左弓步將形成時，右腳跟略作外擺。

第五十式　青龍戲水（仆步穿劍）

動作一　方向北

右腳提起，於左腳內側震腳下落，兩腳外側與肩同寬，形成小開步；同時，右臂內旋，手心向下，右手劍後抽置於胸、腹前，劍斜向下；左劍指向前下落，扶於右腕旁，手心朝下；面朝東南（圖158）。

動作二

右腳提起，向右後撤步（向北），成左側弓步；同時，右手持劍，旋臂轉腕（外旋），將劍尖自左下轉向

圖158　　　　　　　　圖159

上，從上再轉至右下畫立圓，置於腹前，手心朝外，劍尖斜向右下；左劍指隨右腕轉動；面朝西，目引劍轉（圖159）。

動作三

左腿屈膝全蹲，右腳自然伸直，成仆步；同時，右手持劍，沿右腿內側穿劍（立劍），手心朝前；左劍指弧形上舉至左額上方（圖160、圖160附圖）。

動作四

左腳跟發力外擺，重心快速移至右腳，成右側弓步；同時，右臂突然一伸，右手持劍發勁刺出，呈立劍，手心朝前，力達劍尖；左劍指拉向左肩外方；面朝西，劍刺向北，目視劍尖方向（圖161、圖161附圖）。

圖160　　　　　　　　　　圖160附圖

圖 161　　　　　　　　　　圖 161 附圖

【要點】

（1）圖 158、圖 159，右腳向右後撤步中，因轉身角度大，會感到不順，可先將左腳尖略作內扣，調節角度。右手劍在空中畫圓，依賴於右手腕的內外翻轉。

（2）圖 160 的右仆步穿劍，下肢力量不足者，左腿可免做全蹲，架子適當放高。

（3）圖 161 劍向右發勁刺出，左腳跟、腰、右臂三處勁合一而發，使劍呈現彈抖。

（4）整個動作要保持連貫緊湊，身正項頂，上下呼應，順和圓活。

第五十一式　白虎攔尾（側弓步崩劍）

身體快速左轉，右腳尖略內扣，成左側弓步；同時，右手持劍發力內崩，劍豎起，手心朝前，力達劍刃；左劍

圖 162　　　　　　　　　圖 162 附圖

指上提至左額外方，手心朝左，指尖斜向右；面朝西，目斜視右方（圖 162、圖 162 附圖）。

【要點】

身體左轉、重心左移和右手劍內崩之間不可有時間差，要同時完成。崩劍，主要靠右手腕快速內扣，劍突然豎起，與左劍指協調配合。

第五十二式　鯉魚跳龍門（進步下刺）

動作一　向西

身體右轉，右腳提起向後撤步，重心後移至右腳，左腳尖內扣，腳跟著地，成左虛步；同時，右臂外旋，右手劍持成平劍，置於胸腹前；左劍指變掌下落，托於右手背；面朝西（圖 163）。

圖 163

圖 164

動作二

重心前移至左腳，右腳向前進步，腳跟著地，成右虛步；同時，劍稍前送（圖 164）。

動作三

重心前移至右腳，成右弓步；同時，兩手捧劍自下而上再返下，向前下方發勁刺出，劍尖略低於膝，力達劍尖；面朝西，目下視劍尖（圖 165）。

【要點】

（1）「鯉魚跳龍門」是個形象化的名稱，所以在走勢時，劍的運行要從下轉上再返下的線路，使其呈現出一條拋物線的形狀。

（2）向前下刺，可採用發勁的練法，就是下刺將到位時，突然加速，使劍出現彈性。

（3）劍下刺時，以眼神引劍，不可向前點頭。

圖 165

第五十三式　烏龍絞柱（進退劈撩）

動作一　（退步後劈）東退西進

左腳一提即向後下落，成右弓步；同時，右手劍上提呈立劍；左劍指與右手分開（圖166、圖167）。

圖 166

圖 167

動作二

身體右轉，重心移至左腳，成右虛步；同時，右臂內旋，右手持劍，抽舉至右額前，手心朝外，呈立劍；左劍指置於左腹前（圖 168）。

動作三

右腳提起，向後撤步；左劍指提至左胸前方；右手劍稍上舉（圖169）。

圖 168

動作四

身體右移，重心後移至右腳，左腳提起，向右腳後插步，兩腳位置在一條線上，類似交叉步；同時，右手持劍

圖 169

圖 170

向右劈出，呈立劍，力達劍刃；左劍指拉開，置於左肩外方，手心朝外；面朝北，劈劍向東（圖170）。

動作五 （進步撩劍）

左腳提起，向左前上步，腳跟著地，成左虛步；同時，右手持劍，置於右腰旁，手心朝外，劍尖斜向下；左劍指略向右移（圖171）。

動作六

身體左轉，重心前移至左腳，右腳提起，向右前進步，先腳跟著地，重心前移，全腳踏實，成右弓步；

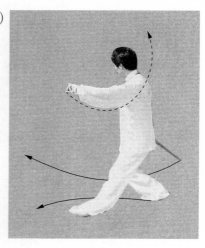

圖171

同時，右手持劍，向正前方撩劍（西），與肩同高，手心朝上，力達劍刃；左劍指向左後畫弧上舉，置於左額上方，手心斜朝上；身朝西南，目視撩劍（圖172）。

圖172

（1）該式共 7 圖。圖 166 至圖 170 均為退步，圖 171、圖 172 為進步，退三進二。在退步中，向後落腳的橫向距離宜小，特別是圖 170 的左腳向後插步，落點要與右腳成一條直線。

（2）退步時身體右轉，進步時身體左轉，退為劈，進為撩。在進退中，身法、步法、劍法三者要上下協調，做到步法穩健，身法靈活，劍法圓滿。

（3）在前進後退之間，要保持肩與胯合，肩與胯同步轉動，切忌轉肩不轉胯。

第五十四式　朝天一支香（馬步捧劍）

動作一　向西

左腳提起，落於右腳內側，兩腳外側與肩同寬，成開立步；同時，右手持劍，立劍上挑至鼻前，劍尖朝上；左劍指回落於胸前，手心朝下（圖173）。

動作二

重心下降，兩腳成馬步；同時，右手劍平劍下抽，置於腹前，劍尖豎立；左劍指變掌，捧在右手背面，兩手心均朝內；面朝西，目平

圖 173

視（圖174）。

【要點】

（1）圖172、圖173在左腳提起至下落之間，右手劍要繼續上運，至鼻前劍尖上挑，待身體下降時，右臂內旋，兩手捧劍下抽，與馬步同步做完。

（2）馬步時，兩胯根應內收，臀不後凸，上身正直，頭不前俯後仰。

圖174

第五十五式　懷中抱月（虛步抽劍）

動作一　向西南

左腳向左後退步；同時，右手持劍前送，手心朝上，呈平劍；左掌變劍指，置於右腕旁，手心朝下（圖175）。

動作二

重心後移至左腳，身體左轉，右腳略後移，腳掌著地，成右虛步；同時，右手持劍，後抽至腹前，手心斜朝內，劍尖偏右向上，劍呈側

圖175

立，力達劍刃；左劍指搭於劍柄；面朝西南，目視劍方向（圖 176）。

【要點】

（1）圖 175 的左腳後退，與右手劍的自然前伸要同時做完，劍在前送中不可做成刺劍，是自然伸展，使前後拉開。

（2）右手劍回抽，與重心後移、右腳後收同時完成，既不可先抽劍後收腳，又不要先收腳後抽劍，須上下協調，同時到位。

第五十六式　風掃梅花（轉身抹劍）

動作一　向右 360° 轉身

右腳尖離地外擺，腳跟著地；同時，右臂內旋，右手持劍，提至胸前，手心朝下，劍尖斜向左（平劍）；左劍指與右手分開，置於左胸前，手心朝下，兩臂成弧形（圖 177）。

圖 176

圖 177

動作二

身體右轉，右腳尖繼續外擺，重心落至右腳，左腳扣步下落（朝北），兩腳外側與肩同寬；兩手隨身運轉，手心朝下；面朝北，目平視前方（圖178）。

動作三

身體繼續右轉，重心落至左腳，右腳以腳跟為軸，腳尖外擺，自北轉向南，左腳提起，扣步下落，腳尖朝南；同時，右手劍隨轉體抹轉，手心朝下，力達劍刃；左劍指置於左胸前；面朝南，目平視前方（圖179）。

【要點】

（1）自圖177至圖179共為三動，轉身約270°，為不使下肢彆扭，旋轉順和，主要依賴於胯、踝兩個關節的鬆開。

（2）兩手基本固定在圖177的位置上不變，隨身轉抹。

圖178

圖179

（3）在轉身之間，臀部平弧轉動，不要擺扭，達到上下連貫，沉著穩重。

第五十七式　指南針（弓步立刺）

動作一　向南

重心移向左腳，右腳外擺45°，重心復移至右腳，左腳提起，經右腳內側向前下落，腳尖點地，成丁字步；同時，右手劍下沉至右胯外方，手心朝下，劍尖向前；左劍指弧形右落，置於右胯前，手心朝下，指尖向右（圖180）。

動作二

左腳向前移，腳跟著地，成左虛步；同時，右臂外旋，右手劍靠近右胯，手心朝左；左劍指搭於右手上方，手心朝下（圖181）。

圖180

圖181

動作三

身體左轉，重心前移至右腳，成左弓步；同時，右手持劍，向正前方立劍刺出，高不過肩，手心朝左，力達劍尖；左劍指扶於右腕；面朝正南，目視劍尖前方（圖182）。

【要點】

（1）為使下肢步法整固，在圖179、圖180中的左腳出步，要先收後出，就是把左腳收至右腳內側（不落地）後再向前出步。如果左腳由原來位置直接上步，就會導致步法的散亂。

（2）左弓步的膝蓋不要超過左腳尖，右手劍刺出，劍尖應處於鼻尖下的正前方，鼻尖與劍尖呈現一斜直線。

第五十八式　收勢（接劍收勢）

動作一　方向南

身體右轉，重心後移至右腳，成左虛步；同時，右手

圖182　　　　　　　　　　　　圖183

持劍抽至右肋旁，手心朝內；左劍指變掌，按於劍柄；面朝西南（圖183）。

動作二

身體左轉，重心前移至左腳，成左弓步；右手腕略外旋，左手接劍，弧形提至左額外方，手心斜朝下；右手變劍指，置於右肩外方，手心斜朝上，指尖向外；目視右劍指外方（圖184）。

動作三

左手持劍，弧形下落至左胯前；右劍指弧形上舉至右額外方（圖185）。

動作四

右腳提起，落至與左腳平行，兩腳外側與肩同寬，自然立起，成開立步；同時，左手劍移至左胯旁，手心朝後，劍體豎立；右劍指經右額前弧形下落至右胯外側，手心朝後（圖186）。

圖184

圖185

圖186   圖187

動作五

左腳內移，與右腳併立；同時，右臂外旋，右手心向內，劍指貼近於右腿外側；虛領頂勁，全身正直，面容端正，目平視前方（圖187）。

【要點】

（1）圖183左手接劍後轉為圖184時，左手劍要經過右額上方再移向左額上方，畫出個立弧，不走捷徑。

（2）圖185右劍指從右肩外方回旋經過右額上方，向胸前弧形下落至右胯旁（圖186）。

（3）收勢動作，兩腳內側不宜過於併攏，為不使襠部夾緊，要留有適當的距離，以利於會陰部的氣血暢通。

（4）收勢是整個套路的結尾，如果收勢動作做得馬虎，那就會影響全套的完整性，因此，要做得特別仔細和謹慎，以保證整體的完滿。

五十八式太極劍運行線路圖

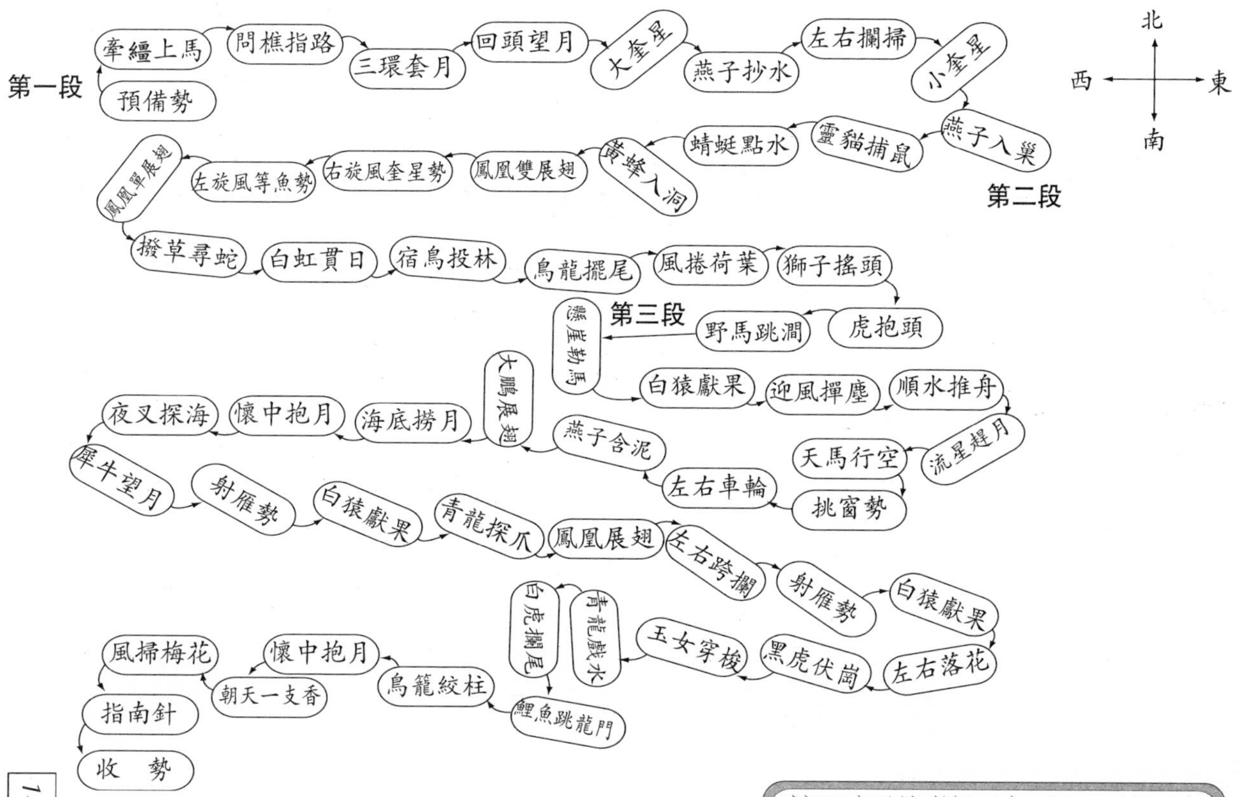
北
西
東
南
第一段
預備勢
牽繮上馬
問樵指路
三環套月
回頭望月
大奎星
燕子抄水
左右攔掃
小奎星
燕子入巢
第二段
靈貓捕鼠
蜻蜓點水
黃蜂入洞
鳳凰雙展翅
右旋風奎星勢
左旋風等魚勢
鳳凰單展翅
撥草尋蛇
白虹貫日
宿鳥投林
烏龍擺尾
風捲荷葉
獅子搖頭
虎抱頭
野馬跳澗
第三段
懸崖勒馬
白猿獻果
迎風撣塵
順水推舟
流星趕月
天馬行空
挑窗勢
左右車輪
燕子含泥
大鵬展翅
海底撈月
懷中抱月
夜叉探海
犀牛望月
射雁勢
白猿獻果
青龍探爪
鳳凰展翅
左右跨攔
射雁勢
白猿獻果
左右落花
黑虎伏崗
玉女穿梭
青龍戲水
白虎攔尾
鯉魚跳龍門
烏籠絞柱
懷中抱月
朝天一支香
風掃梅花
指南針
收　勢

五十八式太極劍一書，整個套路布局合理，結構嚴密，方位齊全，劍法清晰，起落有序。走勢要求不聳肩抬肘，肩胯合住，合乎太極拳走架的基本原理和人體生理運動規律。套路的風格動中求靜，柔中寓剛，剛柔相濟，快慢相間，全套演畢約四五分鐘。

關於快慢相間的練法，並不是一個動作快練，另一個動作慢練的意思，而是以慢動作為主體，配上少許的發勁快練動作。為使讀者明確快練發勁動作該在何處，以圖號注解如下：

第五式，回頭望月（圖 14、圖 15）；第十式，燕子入巢（圖 31）；第十一式，靈貓捕鼠（圖 37）；第十九式，白虹貫日（圖 65）；第二十五式，野馬跳澗（圖 84）；第二十九式，順水推舟（圖 97）；第三十四式，燕子含泥（圖 115）；第四十六式，白猿獻果（圖 144）；第五十式，青龍戲水（圖 161）；第五十一式，鯉魚跳龍門（圖 165）；第五十七式，指南針（圖 182）。

以上圖號均為快發動作，其餘的不快練。比如，第五十七式指南針，共有三動，如圖 180、圖 181、圖 182，其中圖 180 至圖 181 為慢練，惟獨圖 182 發勁快刺。全套發勁 12 次，在做發勁時，不要施拙力，而是要鬆柔沉穩，使出劍富有彈性和韌性。在做快發動作時，特別注意肩關節不可貫勁（用力），一旦貫勁關節必僵，同時也會影響肘、腕關節鬆沉，難以打出太極劍發勁的風格。如果是年老體

弱的朋友，可不做快練動作，以一般的速度練習。這套劍術可以說老少皆宜，很適宜於廣大太極劍愛好者的晨晚鍛鍊。作者祝廣大太極劍愛好者從練劍中得以健康！

自《楊式秘傳 129 式太極長拳》《楊式太極 66 式弓林拳》等書出版後，幾年來絡繹不絕地收到全國各地讀者的來電、來函，他們對這幾本書作出評價，概括起來是兩句話：「堅持傳統；頗有新意。」同時提出：希望作者將太極長拳二路能編著問世。以上是廣大讀者對一名作者的鼓勵、厚愛和信任，本人為此深表感謝。

太極長拳二路，是太極長拳的延續套路，全套 56 個招式，濃縮了 129 式太極長拳的精華。此拳誕生於 20 世紀 20 年代，屬於楊式太極拳，由楊公澄甫開門弟子陳月坡創編，與 129 式太極長拳同出一脈，但是前輩一直沒有將其公開傳授。為了弘揚太極文化，豐富楊式拳術套路，滿足讀者來電來函的要求，待這部作品完成後，如果精力允許，人民體育出版社如能繼續支持，作者願再花數年時間，將「楊式秘傳太極長拳二路」挖掘、整理問世，再次與新老讀者見面。

今將作者的練拳、授拳、著書的宗旨，特賦《清平樂》一首相贈讀者，暫作告別！

《清平樂》

祈求大吉，首盼體強壯。

七旬中葉未覺老，此吾身內家當。

探索太極義理，填補精神糧蒼。

續著拙作問世，禱祝人類健康。

大展出版社有限公司
品冠文化出版社

圖書目錄

地址：台北市北投區(石牌)　　　電話：(02) 28236031
　　　致遠一路二段 12 巷 1 號　　　　　28236033
郵撥：01669551＜大展＞　　　　　　　28233123
　　　19346241＜品冠＞　　　傳真：(02) 28272069

・熱門新知・品冠編號 67

・生活廣場・品冠編號 61

・女醫師系列・品冠編號 62

3. 上班女性的壓力症候群　　　　池下育子著　200 元
4. 漏尿、尿失禁　　　　　　　　中田真木著　200 元
5. 高齡生產　　　　　　　　　　大鷹美子著　200 元
6. 子宮癌　　　　　　　　　　　上坊敏子著　200 元
7. 避孕　　　　　　　　　　　早乙女智子著　200 元
8. 不孕症　　　　　　　　　　　中村春根著　200 元
9. 生理痛與生理不順　　　　　　堀口雅子著　200 元
10. 更年期　　　　　　　　　　　野末悅子著　200 元

・傳統民俗療法・ 品冠編號 63

1. 神奇刀療法　　　　　　　　　潘文雄著　200 元
2. 神奇拍打療法　　　　　　　　安在峰著　200 元
3. 神奇拔罐療法　　　　　　　　安在峰著　200 元
4. 神奇艾灸療法　　　　　　　　安在峰著　200 元
5. 神奇貼敷療法　　　　　　　　安在峰著　200 元
6. 神奇薰洗療法　　　　　　　　安在峰著　200 元
7. 神奇耳穴療法　　　　　　　　安在峰著　200 元
8. 神奇指針療法　　　　　　　　安在峰著　200 元
9. 神奇藥酒療法　　　　　　　　安在峰著　200 元
10. 神奇藥茶療法　　　　　　　　安在峰著　200 元
11. 神奇推拿療法　　　　　　　　張貴荷著　200 元
12. 神奇止痛療法　　　　　　　　漆　浩 著　200 元
13. 神奇天然藥食物療法　　　　　李琳編著　200 元

・常見病藥膳調養叢書・ 品冠編號 631

1. 脂肪肝四季飲食　　　　　　　蕭守貴著　200 元
2. 高血壓四季飲食　　　　　　　秦玖剛著　200 元
3. 慢性腎炎四季飲食　　　　　　魏從強著　200 元
4. 高脂血症四季飲食　　　　　　薛輝著　200 元
5. 慢性胃炎四季飲食　　　　　　馬秉祥著　200 元
6. 糖尿病四季飲食　　　　　　　王耀獻著　200 元
7. 癌症四季飲食　　　　　　　　李忠著　200 元
8. 痛風四季飲食　　　　　　　　魯焰主編　200 元
9. 肝炎四季飲食　　　　　　　　王虹等著　200 元
10. 肥胖症四季飲食　　　　　　　李偉等著　200 元
11. 膽囊炎、膽石症四季飲食　　　謝春娥著　200 元

・彩色圖解保健・ 品冠編號 64

1. 瘦身　　　　　　　　　　　　主婦之友社　300 元
2. 腰痛　　　　　　　　　　　　主婦之友社　300 元
3. 肩膀痠痛　　　　　　　　　　主婦之友社　300 元

4.	腰、膝、腳的疼痛		主婦之友社	300 元
5.	壓力、精神疲勞		主婦之友社	300 元
6.	眼睛疲勞、視力減退		主婦之友社	300 元

・心 想 事 成・品冠編號 65

1.	魔法愛情點心		結城莫拉著	120 元
2.	可愛手工飾品		結城莫拉著	120 元
3.	可愛打扮 & 髮型		結城莫拉著	120 元
4.	撲克牌算命		結城莫拉著	120 元

・少 年 偵 探・品冠編號 66

1.	怪盜二十面相	（精）	江戶川亂步著	特價 189 元
2.	少年偵探團	（精）	江戶川亂步著	特價 189 元
3.	妖怪博士	（精）	江戶川亂步著	特價 189 元
4.	大金塊	（精）	江戶川亂步著	特價 230 元
5.	青銅魔人	（精）	江戶川亂步著	特價 230 元
6.	地底魔術王	（精）	江戶川亂步著	特價 230 元
7.	透明怪人	（精）	江戶川亂步著	特價 230 元
8.	怪人四十面相	（精）	江戶川亂步著	特價 230 元
9.	宇宙怪人	（精）	江戶川亂步著	特價 230 元
10.	恐怖的鐵塔王國	（精）	江戶川亂步著	特價 230 元
11.	灰色巨人	（精）	江戶川亂步著	特價 230 元
12.	海底魔術師	（精）	江戶川亂步著	特價 230 元
13.	黃金豹	（精）	江戶川亂步著	特價 230 元
14.	魔法博士	（精）	江戶川亂步著	特價 230 元
15.	馬戲怪人	（精）	江戶川亂步著	特價 230 元
16.	魔人銅鑼	（精）	江戶川亂步著	特價 230 元
17.	魔法人偶	（精）	江戶川亂步著	特價 230 元
18.	奇面城的秘密	（精）	江戶川亂步著	特價 230 元
19.	夜光人	（精）	江戶川亂步著	特價 230 元
20.	塔上的魔術師	（精）	江戶川亂步著	特價 230 元
21.	鐵人Q	（精）	江戶川亂步著	特價 230 元
22.	假面恐怖王	（精）	江戶川亂步著	特價 230 元
23.	電人M	（精）	江戶川亂步著	特價 230 元
24.	二十面相的詛咒	（精）	江戶川亂步著	特價 230 元
25.	飛天二十面相	（精）	江戶川亂步著	特價 230 元
26.	黃金怪獸	（精）	江戶川亂步著	特價 230 元

・武 術 特 輯・大展編號 10

1.	陳式太極拳入門		馮志強編著	180 元
2.	武式太極拳		郝少如編著	200 元

16. 夕陽美功夫扇　　　　　　李德印著　220元
17. 綜合 48 式太極拳＋VCD　　竺玉明編著　350元
18. 32 式太極拳（四段）　　　宗維潔演示　220元

・國際武術競賽套路・ 大展編號103

1. 長拳　　　　　　　　　　李巧玲執筆　220元
2. 劍術　　　　　　　　　　程慧琨執筆　220元
3. 刀術　　　　　　　　　　劉同為執筆　220元
4. 槍術　　　　　　　　　　張躍寧執筆　220元
5. 棍術　　　　　　　　　　殷玉柱執筆　220元

・簡化太極拳・ 大展編號104

1. 陳式太極拳十三式　　　　陳正雷編著　200元
2. 楊式太極拳十三式　　　　楊振鐸編著　200元
3. 吳式太極拳十三式　　　　李秉慈編著　200元
4. 武式太極拳十三式　　　　喬松茂編著　200元
5. 孫式太極拳十三式　　　　孫劍雲編著　200元
6. 趙堡太極拳十三式　　　　王海洲編著　200元

・導引養生功・ 大展編號105

1. 疏筋壯骨功＋VCD　　　　張廣德著　350元
2. 導引保建功＋VCD　　　　張廣德著　350元
3. 頤身九段錦＋VCD　　　　張廣德著　350元
4. 九九還童功＋VCD　　　　張廣德著　350元
5. 舒心平血功＋VCD　　　　張廣德著　350元
6. 益氣養肺功＋VCD　　　　張廣德著　350元
7. 養生太極扇＋VCD　　　　張廣德著　350元
8. 養生太極棒＋VCD　　　　張廣德著　350元
9. 導引養生形體詩韻＋VCD　張廣德著　350元
10. 四十九式經絡動功＋VCD　張廣德著　350元

・中國當代太極拳名家名著・ 大展編號106

1. 李德印太極拳規範教程　　李德印著　550元
2. 王培生吳式太極拳詮真　　王培生著　500元
3. 喬松茂武式太極拳詮真　　喬松茂著　450元
4. 孫劍雲孫式太極拳詮真　　孫劍雲著　350元
5. 王海洲趙堡太極拳詮真　　王海洲著　500元
6. 鄭琛太極拳道詮真　　　　鄭琛著　450元

·中華傳統武術· 大展編號 114

1. 中華古今兵械圖考　　　　　　裴錫榮主編　280 元
2. 武當劍　　　　　　　　　　　陳湘陵編著　200 元
3. 梁派八卦掌（老八掌）　　　　李子鳴遺著　220 元
4. 少林 72 藝與武當 36 功　　　　裴錫榮主編　230 元
5. 三十六把擒拿　　　　　　　佐藤金兵衛主編　200 元
6. 武當太極拳與盤手 20 法　　　　裴錫榮主編　220 元

·少 林 功 夫· 大展編號 115

1. 少林打擂秘訣　　　　　　　德虔、素法編著　300 元
2. 少林三大名拳 炮拳、大洪拳、六合拳　門惠豐等著　200 元
3. 少林三絕 氣功、點穴、擒拿　　　德虔編著　300 元
4. 少林怪兵器秘傳　　　　　　　　素法等著　250 元
5. 少林護身暗器秘傳　　　　　　　素法等著　220 元
6. 少林金剛硬氣功　　　　　　　　楊維編著　250 元
7. 少林棍法大全　　　　　　　德虔、素法編著　250 元
8. 少林看家拳　　　　　　　　德虔、素法編著　250 元
9. 少林正宗七十二藝　　　　　德虔、素法編著　280 元
10. 少林瘋魔棍闡宗　　　　　　　　馬德著　250 元
11. 少林正宗太祖拳法　　　　　　　高翔著　280 元
12. 少林拳技擊入門　　　　　　　劉世君編著　220 元
13. 少林十路鎮山拳　　　　　　　吳景川主編　300 元
14. 少林氣功祕集　　　　　　　釋德虔編著　220 元
15. 少林十大武藝　　　　　　　　吳景川主編　450 元

·迷蹤拳系列· 大展編號 116

1. 迷蹤拳（一）+VCD　　　　　李玉川編著　350 元
2. 迷蹤拳（二）+VCD　　　　　李玉川編著　350 元
3. 迷蹤拳（三）　　　　　　　李玉川編著　250 元
4. 迷蹤拳（四）+VCD　　　　　李玉川編著　580 元
5. 迷蹤拳（五）　　　　　　　李玉川編著　250 元
6. 迷蹤拳（六）　　　　　　　李玉川編著　300 元

·截拳道入門· 大展編號 117

1. 截拳道手擊技法　　　　　　　舒建臣編著　230 元

·原地太極拳系列· 大展編號 11

1. 原地綜合太極拳 24 式　　　　胡啟賢創編　220 元
2. 原地活步太極拳 42 式　　　　胡啟賢創編　200 元

國家圖書館出版品預行編目資料

傳統五十八式太極劍／張楚全　編著
——初版，——臺北市，大展，2006 年〔民 95〕
面；21 公分，——（武術特輯；75）
ISBN 957‐468‐435‐0（平裝）

1.劍術

528.975　　　　　　　　　　　　94024175

【版權所有・翻印必究】

傳統五十八式太極劍　　　ISBN 957‐468‐435‐0

編 著 者／張 楚 全
責任編輯／張 建 林
發 行 人／蔡 森 明
出 版 者／大展出版社有限公司
社　　　址／台北市北投區（石牌）致遠一路 2 段 12 巷 1 號
電　　　話／（02）28236031・28236033・28233123
傳　　　眞／（02）28272069
郵政劃撥／01669551
網　　　址／www.dah-jaan.com.tw
E－mail／service@dah-jaan.com.tw
登 記 證／局版臺業字第 2171 號
承 印 者／高星印刷品行
裝　　　訂／建鑫印刷裝訂有限公司
排 版 者／弘益電腦排版有限公司
授 權 者／北京人民體育出版社
初版 1 刷／2006 年（民 95 年）2 月

定價／200 元

●本書若有破損、缺頁敬請寄回本社更換●

大展好書　好書大展

品嘗好書　冠群可期

大展好書　好書大展
品嘗好書　冠群可期